BIBLIOTHÈQUE POPULAIRE

A **25** CENT. LE VOL.

ALSACE

ET LORRAINE

STRASBOURG — METZ — BELFORT

1870-1871

Par ÉLIE SORIN

(AVEC CARTE)

PARIS

AU BUREAU DE L'ÉCLIPSE

1871

BIBLIOTHÈQUE POPULAIRE

—

ALSACE

ET LORRAINE

STRASBOURG, METZ, BELFORT

1870-1871

PAR

ELIE SORIN

‿‿‿‿‿‿‿

PARIS

AU BUREAU DE L'ÉCLIPSE

16, RUE DU CROISSANT, 16.

—

1871

Bruxelles. — Imp. A. Mertens.

PRÉFACE.

Nous essayons de résumer en quelques pages l'histoire de l'Alsace et de la Lorraine durant la guerre qui nous a ravi ces provinces.

Notre cadre, sans doute, est bien restreint pour un tel sujet; mais c'est à dessein que nous avons voulu renfermer ce récit dans les limites d'un volume modeste que tous pussent acquérir; car il est des choses que tout le monde en France, à l'heure présente, doit savoir et ne jamais oublier.

En écrivant ce petit livre, nous souhaitons qu'il passe de main en main; qu'avec le colporteur, il aille dans les écoles, dans

les casernes, dans les ateliers de nos villes
et dans les fermes de nos campagnes, pour
qu'il apprenne aux plus jeunes ou aux
moins instruits ce que la France a perdu
et pour qu'il leur dise ce qu'ils seront,
un jour, appelés à lui rendre.

Qu'il leur fasse comprendre aussi de
quelle source sont venus nos malheurs ; si
la France a été ensanglantée, déchirée,
ruinée, c'est la dynastie des Bonaparte qui
lui a infligé tous ces maux : vingt ans de
despotisme ont eu leur résultat.

L'Alsace et la Lorraine viennent d'être
arrachées à leur mère-patrie par une usurpation renouvelée de ces époques sauvages
où des peuples entiers passaient sous le
joug d'un maître qui n'avait, pour disposer
d'eux, d'autre droit que celui de la violence.

L'invasion germanique enlève à la France
DIX SEPT CENT MILLE Français sans se sou-
cier ni de leurs intérêts, ni de leurs sentiments ! Des choses semblables se voyaient
au temps d'Attila : l'Empereur Guillaume Ier

traite les droits de l'humanité comme les traitait le roi des Huns.

Qu'est-ce qu'une nation ?... Un troupeau ! Cela est bon à prendre quand on le peut; à conduire comme on le veut; à faire égorger quand on le juge convenable;—tel est le raisonnement des politiques d'outre-Rhin. Pour le traduire, leurs phrases sont plus ou moins cauteleuses, leurs actes plus ou moins adoucis; mais ils auront beau faire, ils ne déguiseront pas ce qui est infâme; — et jamais il ne s'est rien vu de plus infâme que ce coup de filet jeté dans des flots de sang.

Un jour l'Allemagne comprendra le crime et la faute que le gouvernement de la Prusse lui a fait commettre : alors qu'elle croira son unité constituée à jamais, tout à coup elle sentira qu'elle est en proie à une plaie cruelle et dangereuse; car elle portera, attachées à son flanc, l'Alsace et la Lorraine comme la Russie porte la Pologne, comme l'Autriche a porté Venise et Milan.

Ce qui fait maintenant le triomphe de

l'empire allemand causera fatalement son deuil et sa perte.

Admettons que la Prusse parvienne à garder sa supériorité militaire ; admettons qu'il nous soit impossible, d'ici à long-temps de pouvoir soutenir par les armes la cause du droit, — Guillaume et Bismarck croient-ils, par cela seul, que leur œuvre sera désormais à l'abri de tout péril ?

Frappé, d'un étrange aveuglement, ces êtres sans conscience ne voient pas que par par eux la France pénètre en Allemagne et qu'elle y frappera un coup terrible.

Oui, cette Alsace et cette Lorraine qu'on force d'être des provinces germaniques, apporteront au sein des pays d'outre-Rhin leur haine contre les despotes qui leur infligent cet affront, l'esprit de légitime vengeance et de juste revendication : elles feront passer un souffle irrésistible et jusqu'à présent inconnu parmi les différentes classes de la nation allemande : elles y seront les avant-courrières de la République, et elles prépareront l'heure où Berlin elle-même se lèvera pour jeter bas le trône de son empereur.

Nos frères d'Alsace et de Lorraine, tout désarmés qu'ils sont, feront expier à leurs maîtres d'aujourd'hui le crime de l'usurpation ; car ils n'oublieront pas qu'ils sont des membres séparés de la France républicaine ; et, s'ils n'ont pu vaincre avec les baïonnettes, comme en 92, ils sauront prendre leur revanche avec des principes contre lesquels les canons Krupp ne peuvent rien.

Au sein de cette société germanique avec laquelle ils se trouvent maintenant en contact forcé, ils feront pénétrer les dogmes de la Révolution française ; sujets de l'empire allemand, ils apprendront aux Allemands à juger les princes de l'Allemagne ; ils feront comprendre aux masses armées qu'on a lancées sur nous, qu'elles ont d'autres ennemis que les adversaires du dehors ; et, conquises par la force, alors l'Alsace et la Lorraine deviendront conquérantes par une idée.

Nous, en attendant l'heure où nos chères provinces nous reviendront, ayons sans cesse les yeux tournés vers elles : aidons-les de tous nos efforts publics ou secrets à poursuivre la mission qui leur est imposée par le malheur. Il ne faut pas qu'un seul Français se soumette à la pensée d'une irrévocable séparation entre elles et nous ; la patrie a pu subir une mutilation sur la carte géographique : elle n'en peut subir aucune dans nos cœurs.

ELIE SORIN.

CHAPITRE I.

L'invasion.

Le 6 août 1870, au lendemain de l'échec de Wissembourg, la France éprouva le double désastre de Reischoffen et de Forbach...

LA PATRIE ÉTAIT EN DANGER !

D'un même coup, l'invasion menace deux de nos provinces ; — elle va déborder dans l'Alsace et dans la Lorraine.

Si l'on se souvient de 1792 et de 1814 ; si l'on se rappelle ce que nos départements de l'Est déployèrent alors de patriotisme héroïque, on s'étonnera peut-être qu'en 1870, la résistance de leurs populations ne se soit pas, dès la première heure, produite avec toute son énergie traditionnelle.

Napoléon III doit porter devant l'histoire la responsabilité de cette hésitation.

Cet homme funeste eut partout, dans cette guerre, le don de dérouter et d'affaiblir l'énergie française : il semblait avoir pris à tâche de perdre la cause nationale par son ignorance, par son inertie, par son égoïsme, en attendant qu'il la trahît par sa suprême lâcheté.

L'Empereur, alors qu'il déclarait la guerre à l'Allemagne, n'hésitait pas à croire qu'il entrerait à Berlin en retrouvant la route triomphale d'Iéna. Avec la folle confiance qui est une maladie habituelle aux despotes séniles, il n'avait pas même pris la peine de préparer la victoire et encore moins celle de pressentir les conséquences d'un échec.

Après les tristes journées de Wissembourg, de Reischoffen et de Forbach, la France se trouva subitement ouverte aux armées allemandes, contre lesquelles on n'avait pas plus songé à protéger son territoire que s'il se fût agi de combattre en Cochinchine.

Qui se fût douté, même au lendemain de ces revers, que la formidable barrière des Vosges ne serait pas, un seul instant, disputée aux envahisseurs, et qu'ils n'auraient qu'à marcher en avant pour menacer à la fois Strasbourg, Nancy et Metz?

Nous ne blâmons pas Mac-Mahon de s'être replié vers Châlons avec ce qui restait de son corps d'armée : ces vaillantes troupes, décimées dans la journée du 6 août, pouvaient se reformer, se joindre à des troupes nouvelles et tout réparer dans une seconde phase de la guerre, soit qu'une bataille décisive se livrât en avant de Châlons, soit qu'elle s'engageât sous les murs de Metz.

Mais, si les plus vulgaires précautions eussent été prises, la retraite de Mac-Mahon n'eût pas fatalement livré aux généraux prussiens le rempart des Vosges.

Les populations de cette chaîne de montagnes sont braves : elles ont d'instinct la haine de l'invasion germanique, et la nature leur a donné une véritable citadelle qui peut facilement être défendue par des hommes de cœur, alors même qu'ils n'ont aucune expérience du métier de la guerre.

Quiconque a visité les Vosges sait quels ravins et quels défilés elles opposent à la marche d'une armée : du haut des corniches que forment les rocs, derrière les palissades naturelles des bois de sapins, un feu meurtrier peut assaillir et écraser l'ennemi.

Dans ces gorges, dans ces vallons, le long des lacs et des torrents, l'artillerie est plutôt embarrassante qu'utile : la guerre de *guérillas* trouve là un théâtre tout préparé comme dans l'ancienne Vendée, comme en Espagne ou au Mexique.

Depuis longtemps des compagnies de

francs-tireurs existaient dans les départements que traversent les Vosges :
dès que la lutte éclata, elles exprimèrent
le désir de remplacer par des fusils de
munition, leurs carabines de chasse.

Une telle demande sembla presque sé-
ditieuse au gouvernement napoléonien.
Quoi donc ! de simples citoyens, n'appartenant pas à l'armée régulière, auraient le
droit de se constituer en petits corps militaires et d'agir en dehors de la haute
influence de M. le Ministre de la guerre !
Aux yeux des agents de l'Empire, mieux
valait l'invasion prussienne que l'armement de la nation française : chaque fois
que les francs-tireurs réclamèrent des
chassepots, on eut soin de leur répondre
par des promesses évasives.

Tel est le secret de l'envahissement
subit de l'Alsace et de la Lorraine. Si les
habitants de ces malheureuses provinces
n'ont pas même eu la consolation de mourir les armes à la main; s'il leur a fallu
supporter tous les affronts qu'amène

l'envahissement de l'étranger, c'est à l'empereur Napoléon III, c'est au défiant et misérable intérêt de sa dynastie, qu'elles doivent demander compte des humiliations qu'elles ont subies et des larmes qu'elles ont versées.

Çà et là, quelques actes de résistance isolée prouvèrent ce qu'on eût pu faire en mettant chacun en état de défendre son champ ou sa maison : derrière les haies, au détour des chemins, une incessante fusillade eût éclaté et harcelé les colonnes prussiennes.

Les chefs allemands comprenaient si bien le danger que présentait pour leurs troupes l'armement et le soulèvement des campagnes, qu'ils essayèrent de le prévenir par les menaces les plus atroces.

Dans quel temps a-t-on jamais vu faire à des citoyens un crime capital de la part qu'ils prennent à la défense de leur pays? Et pourtant telle est, au dix-neuvième siècle, la loi de guerre des Prussiens ; ils édictent la peine de mort contre tout français qui, n'appartenant pas à l'armée régulière essaiera d'entraver la marche de leurs armées.

Voici le texte de ce document barbare :

« Seront punies de mort toutes les personnes qui, sans appartenir à l'armée française ou à sa suite, détruisent des ponts, des canaux, enlèvent des fils télégraphiques ou des rails de chemin de fer, rendent les routes impraticables, mettent le feu aux munitions, aux vivres, aux quartiers occupés par les troupes, *prennent les armes contre les troupes allemandes.* Pour chaque cas spécial il sera institué un conseil de guerre qui examinera la cause et prononcera. LE CONSEIL DE GUERRE NE POURRA PRONONCER D'AUTRE PEINE QUE CELLE DE MORT ; LA SENTENCE SERA SUIVIE IMMÉDIATEMENT DE L'EXÉCUTION. Les communes auxquelles appartiennent les coupables, ainsi que celles où le crime aura été commis, seront condamnées à une amende qui équivaudra au chiffre de leur impôt annuel. »

Monstruosité sans nom ! La commune, être collectif, est responsable et punie pour le fait isolé d'un de ses membres ; elle est punie même pour l'acte accompli sur son territoire par le premier venu !

C'est ainsi que la Prusse traite des hommes coupables seulement de patriotisme. Quant à ceux qui se montreront dociles devant son invasion, elle leur doit vraiment quelques égards : aussi daigne-t-elle ne pas les faire fusiller : en s'installant chez eux, elle se borne seulement à leur présenter d'avance la carte à payer.

« Les habitants, dit la même proclamation, auront à fournir tout ce qu'exige l'entretien des troupes. Chaque soldat devra recevoir par jour 750 grammes de pain, 500 grammes de viande, 250 grammes de lard, 30 grammes de café, 60 grammes de tabac, 5 cigares, un demi-litre de vin, ou un litre de bière ou un décilitre d'eau-de-vie. La ration d'un cheval, car il faut aussi nourrir les chevaux, est fixée par jour à 6 kilos d'avoine, 2 kilos de foin, 1 kilo 1/2 de paille. Si les habitants préfèrent une indemnité en argent aux impositions en nature, ils devront donner 2 francs par soldat. »

Un Alsacien qui a écrit, d'après ses émotions personnelles, le récit de cette lamentable guerre, nous fournit des chiffres précis qui prouvent que la proclamation prussienne n'était pas une vaine menace.

« Quand les armées allemandes, écrit M. Schnéegans, député du Bas-Rhin, occupèrent Saverne, elles demandèrent à cette ville 10,000 pains de 5 kilos ; 60 bœufs de 250 kilos: 8,000 kilos de riz ; 1.250 kilos de café grillé ; 750 kilos de sel ; 500 kil. de tabac ou 180,000 cigares; 750,000 kil. de *cigares fin pour les officiers* ; 10,000 litres de vin ordinaire ; 5,000 litres de vin rouge de qualité supérieure : 2,000 litres de Bourgogne ; 200 bouteilles de Champagne ; 100 kilos de sucre ; 25 kil. d'extrait de viande ; 60,000 kilos d'avoine ; 2,500 kilos de foin ; 25,000 kilos de paille ; — or la ville de Saverne compte 5,551 habitants !

» Le 19 août, les trois communes de Drusenheim, Harlisheim et Offendorf, furent imposées comme suit :

» 15,000 kil. de pain ; 21,000 kil. de viande; 5,000 kil. de riz; 550 kil. de sel. 700 kil. d'avoine ; 10,000 litres de vin ; 180 kil. de foin ; 220 kil. de paille, le tout à fournir avant le 28 : les maires seraient rendus responsables de ce qui manquerait.

» Tel était le système de pillage administratif que les autorités prussiennes introduisaient en Alsace. Plus tard elles le complétèrent en forçant les notables de monter sur les locomotives, afin d'en faire les premières victimes du déraillement que l'on redoutait. Plus tard encore elles devaient demander aux villes occupées des otages, choisis parmi les habitants les plus riches et les plus considérés, et envoyer ces citoyens peupler les forteresses allemandes. »

Sans armes, sans moyen de s'organiser

en troupes de partisans, les habitants des campagnes de l'Est refluaient en toute hâte vers les villes ; chaque place forte reçut quelques-unes de ces bandes de fugitifs dans ses murs, où ils accrurent les difficultés de la défense.

Par une marche audacieuse et rapide, l'ennemi avait mis à profit son succès : il était entré sans coup férir dans la ville de Nancy qui, surprise, parut oublier qu'une cité française même ouverte ne doit pas, sans combattre, se rendre à une poignée de uhlans.

L'étonnement fut douloureux dans toute la France, quand on apprit avec quelle facilité l'ancienne capitale de la Lorraine s'était livrée ; mais heureusement pour la réputation de cette ville, ses enfants, en âge de porter les armes, étaient alors éloignés d'elle, et là où ils ont été appelés à faire face à l'ennemi, ils se sont conduits bravement.

C'est surtout sur le préfet qui représentait alors l'Empire à Nancy, que doit tomber le reproche de faiblesse : ce fonctionnaire, nommé Podevin, poussa l'oubli de toute dignité jusqu'à exercer ses pouvoirs sous le contrôle des Prussiens.

La magistrature judiciaire devait montrer plus de fermeté que le chef de la magistrature administrative : les membres de la cour d'appel de Nancy refusèrent de rendre la justice au nom des puissances allemandes; ils refusèrent également d'exercer leurs pouvoirs au nom de Napoléon III, prisonnier : ils confondirent dans le même mépris les envahisseurs de la France et l'indigne souverain qui avait ouvert à l'étranger les portes de la patrie.

Répétons-le : Nancy, à la première heure, a été surprise; française de cœur, la malheureuse ville a dû subir les plus impitoyables exigences : il semble qu'à force d'exactions, les Prussiens eux-mêmes aient pris soin de la justifier.

Elle s'est vue forcée de fournir jusqu'à 36,000 rations de pain par jour ! Un impôt unique, ajouté à ces réquisitions, s'élève

au triple du chiffre des contributions françaises ! Voilà la situation faite à la ville de
Nancy pendant la guerre !

Nous passons sous silence l'innombrable
liste des avanies endurées par le chef-lieu
de la Meurthe en dehors des actes officiels
de l'autorité prussienne.

Certes ! mieux vaut le sort des villes, auxquelles leurs remparts ont permis de tenir
tête aux envahisseurs : elles ont été bom-
bardées, brûlées, mais elles n'ont pas
connu l'amertume de subir chaque jour le
caprice d'un vainqueur qui a conquis sans
combat le droit d'arrogance.

CHAPITRE II.

Strasbourg.

Le jour même de la bataille des Reischoffen, Strasbourg put connaître l'étendue du
désastre et prévoir les épreuves qui la me-
naçaient.

Pendant toute la journée, elle avait entendu gronder au loin le bruit du canon,
et le soir, elle vit arriver épuisés, affolés
de désespoir, les premiers fuyards de l'armée de Mac-Mahon.

Deux jours durant, ce fut un lamentable
défilé ; tous les régiments, toutes les armes
se confondaient dans le pêle-mêle de la
déroute. Des milliers d'hommes passèrent

ainsi à travers la capitale de l'Alsace, en criant à la *trahison*, et en annonçant l'approche de l'ennemi.

Le trouble fut grand dans Strasbourg; mais sans se laisser abattre par le malheur présent, la population tout entière songea aux grands devoirs que les circonstances lui imposaient envers la France.

Dès le 7 août, le préfet faisait placarder cet avis sur les murs de la ville :

« Le préfet du Bas-Rhin informe les habitats de Strasbourg que la ville est mise en état de siége. »

Cette mesure pouvait être de quelque utilité pour assurer la police intérieure de la ville; mais on se demandait si l'autorité militaire était en état d'opposer une résistance réelle à l'ennemi qui s'avançait.

Le lendemain 8, un officier prussien se présentait chez le commandant de place et demandait qu'on livrât la ville. Il essuya un refus énergique et il partit en menaçant Strasbourg d'un bombardement prochain.

La place était commandée par un offi-

cier très-estimé des habitants, le général
de division Uhrich. Quelle que fût la
confiance dans cet homme de guerre, dont
la loyauté et le courage étaient connus de
tous, on se sentait pris d'une extrême an-
goisse en considérant les faibles ressources
dont il disposait.

A Strasbourg, pas plus que sur aucun
autre point de la frontière, le gouvernement impérial n'avait voulu supposer que
la guerre pût, d'offensive, devenir défen-
sive : rien n'avait été préparé en prévision
d'un échec. Le général Urich, lorsqu'il fut
investi de son commandement, n'avait en
réalité reçu d'autre mandat que celui de
faire parvenir des munitions à l'armée
d'Allemagne.

Le torrent des fuyards de Reischoffen
passa à travers la ville et tout ce qui pouvait combattre encore se replia avec Mac-
Mahon vers Châlons : il ne resta dans
Strasbourg que quelques pontonniers ; les
compagnies de dépôt de trois ou quatre
régiments ; un seul régiment complet, le

87e de ligne ; une troupe de marins primitivement destinés à monter les canonnières du Rhin, et un petit corps de douaniers.

Uhrich forma en bataillons de marche les trainards de différentes armes qui n'avaient pas encore rejoint l'armée de Mac-Mahon : il s'efforça de tirer parti le le mieux possible de la jeune garde mobile du Bas-Rhin, et, en toute hâte, il fit mettre les remparts de la place en état de défense.

La situation était critique; le général comprit que le seul moyen d'inspirer la confiance à tous, c'était de paraître lui-même la posséder.

Il publia, le 19 août, cette proclamation :

« AUX HABITANTS DE STRASBOURG !

« Des bruits inquiétants, des paniques ont été répandus ces jours derniers, involontairement ou à dessein, dans notre brave cité. Quelques individus ont osé manifester la pensée que la place se rendrait sans coup fér'

« Nous protestons énergiquement, au nom de la population courageuse et française, contre ces défaillances lâches et criminelles.

« Les remparts sont armés de quatre cents canons. La garnison est composée de onze mille hommes, sans compter la garde nationale sédentaire.

« Si Strasbourg est attaqué, Strasbourg se défendra tant qu'il restera un soldat, un biscuit, une cartouche. »

Ce ferme langage répondait aux vœux patriotiques des citoyens de Strasbourg : ils se préparèrent, d'un cœur résolu, aux grands devoirs qui les attendaient.

Il résulte de chiffres authentiques qu'à la première heure du péril, le contingent de la garde nationale eût pu être augmenté d'un effectif de neuf mille hommes, capables, sinon de prendre part aux sorties, du moins de maintenir l'ordre dans la ville. Mais ces neuf mille citoyens avaient paru suspects au préfet bonapartiste : ils étaient, par là-même, rayés des registres d'inscription.

L'Empire et toujours l'Empire ! Dès qu'on se mêle d'écrire l'histoire de cette déplorable guerre, on voit partout apparaître l'influence de ce gouvernement infâme et menteur, capable de toutes les inepties, de toutes les lâchetés et de toutes les trahisons !

Cependant l'ennemi se montrait aux environs de la ville ; le samedi 13 août pour la première fois le canon retentit. De petits détachements badois venus de Kœnigshoffen, engagèrent le feu vers cinq heures du soir et furent chassés par l'artillerie des remparts. Quelques heures plus tard, une troupe plus considérable, composée de deux compagnies d'infanterie fit une tentative sur la position du cimetière Sainte-Hélène. La fusillade et la canonnade de la place les arrêtèrent. Enfin, pendant la nuit, entre dix et onze heures, les batteries de la Porte Nationale durent intervenir à leur tour pour mettre en fuite les Allemands, qui réussirent néanmoins à incendier vingt-quatre wagons du chemin de fer dans les bâtiments des *Rotondes*. Strasbourg était décidément assiégée.

Dans la journée du 14, on vit avec stupeur quelques obus tomber et éclater dans le faubourg de Saverne, ainsi que sur le quai Saint-Jean : un homme fut blessé mortellement. Tout le monde crut à une méprise; on supposa que ces projectiles, destinés aux remparts, s'étaient égarés par une erreur des artilleurs allemands; il n'entra dans la pensée de personne que le tir pût être systématiquement dirigé contre une population inoffensive.

Hélas! les habitants de Strasbourg devaient bientôt connaître à leurs dépens l'humanité germanique!

Le lendemain, 15 août, le *Te Deum* de la fête de l'Empereur fut chanté à la cathédrale: coutume officielle qui empruntait aux circonstances d'alors une étrange et amère ironie. Sans trop se préoccuper des événements funestes, on se laissa aller à tous les loisirs du jour : le temps était radieux ; les promenades et les brasseries regorgeaient de monde; les Allemands semblaient oubliés.

Tout à coup, vers onze heures et demie du soir, une détonation retentit, venant de la campagne, et un long sifflement déchira l'air ; un obus éclata au milieu de la ville. A cet obus, un autre succéda, et pendant une demi-heure, une pluie de fer convergea vers le centre de la cité : il n'y avait pas à s'y tromper, les artilleurs prussiens avaient pris la cathédrale pour jalon de tir. Après une demi-heure de cette brutale canonnade, tout rentra dans le silence.

Quand le jour parut, on put contempler l'œuvre de destruction et prévoir ce que l'ennemi ferait plus tard. Un grand nombre de maisons avaient été trouées et ravagées; plusieurs habitants frappés dans leur lit.

L'un des projectiles avait écorné le piédestal de la statue de Guttemberg par

David d'Angers, comme si la savante Allemagne eût voulu déclarer, dès la première
heure de la lutte, que ni l'art, ni la science
ne devaient trouver grâce devant sa fureur
aveugle.

Dans cette journée du 16, le colonel Fiévet
du 26ᵉ régiment d'artillerie, conduisit une
forte reconnaissance au dehors ; la sortie
s'opéra par la porte de l'Hôpital et par la
porte d'Austerlitz ; elle fut dirigée vers le
Neuhoff.

Tout à coup, nos troupes furent accueil-
lies par une vive fusillade qui partait des
talus et des broussailles au bord de la
route ; la plupart des hommes étaient encore démoralisés par le souvenir de Reischoffen; en un instant, la panique parcou-
rut leurs rangs ; ce fut une complète
débandade et l'on rentra pêle-mêle dans la
ville, en abandonnant à l'ennemi trois
pièces de canon.

Le colonel Fiévet, impuissant à rallier
ses hommes, avait reçu une blessure mor-
telle. C'était un lamentable début et de

bien sinistre augure, au commencement de ce siége qui devait plus tard être signalé par tant d'héroïque ténacité.

Les bombardements du 14 et du 15 août étaient un avertissement dont on profita pour prendre des mesures de prudence ; dans tous les quartiers, l'administration municipale fit établir des postes de pompiers ; on interdit l'accès des édifices élevés, du haut desquels on pouvait observer la place et faire des signaux à l'ennemi.

Ce fut seulement dans la nuit du 18 que les Allemands recommencèrent à tirer sur la ville : une bombe alluma dans le Quartier National un immense foyer qui dévora en peu d'heures une douzaine de maisons.

En même temps, de nombreux obus s'éparpillaient de tous côtés, défonçant les toits, et, partout faisant des victimes.

Malgré le péril, chacun fut à son poste et remplit son devoir ; les habitants, les pompiers, les soldats qui n'étaient pas retenus aux remparts se multipliaient pour organiser le sauvetage.

« Dans la rue des Charpentiers, raconte M. Fischbach, l'un des historiens du siége de Strasbourg, un obus tomba sur la maison Dartein; un officier d'artillerie qui était en observation sur la cathédrale, vit le projectile s'abattre sur cette maison qu'habitait sa femme; il ne quitta point son poste, mais envoya immédiatement prendre des informations; l'obus était tombé sur le lit occupé par la dame dix minutes auparavant, et en éclatant avait tout brisé dans l'appartement, sans causer de blessure à personne. »

Les jeunes filles d'un pensionnat situé rue de l'Arc-en-Ciel, faisaient la prière du soir quand un obus fit explosion dans la salle où elles se trouvaient; cinq d'entre elles furent tuées sur le coup; six autres furent atteintes; quatre de ces blessées durent être amputées et l'une d'elles mourut au bout de quelques heures.

Quand on songe que de telles cruautés ne pouvaient nullement servir l'intérêt militaire de l'armée prussienne; qu'elles n'avaient pas l'excuse d'aider à prendre la place, il est permis de se demander si le peuple qui se souille par de tels actes, est à sa place parmi les nations civilisées.

Le 21 août, le maire de Strasbourg, M. Humann, publia un arrêté par lequel il décidait que pendant toute la durée du siége, les inhumations se feraient à l'intérieur de la ville et non plus dans les cimetières extérieurs de Sainte-Hélène, de Saint-Gall et de Saint-Urbain.

Une partie du Jardin Botanique fut transformé en cimetière provisoire et destiné à recueillir les corps des défunts pendant toute la durée du siége. La maladie, le feu de l'ennemi se sont chargés de remplir bien vite cette nécropole improvisée. Chaque jour de nombreux convois se dirigeaient vers la belle promenade changée en lieu de deuil ; et, bien souvent, les obus venaient disperser les cortéges funèbres, ou même frapper dans leurs rangs de nouvelles victimes.

2

Les épreuves de Strasbourg étaient grandes ; mais tout cela, paraît-il, n'était qu'un
prélude, le programme du drame néfaste
qui allait se jouer. En effet, le général de
Werder, commandant en chef les forces
des Allemands, venait de faire prévenir
le général Uhrich que, si la ville ne lui était
pas rendue sans retard, elle serait soumise
aux terribles rigueurs d'un bombardement
RÉGULIER.

Il paraît que les femmes et les enfants,
écrasés jusqu'à ce jour, ne l'avaient pas
été avec assez de méthode pour faire honneur au génie stratégique de l'Allemagne :
plus de RÉGULARITÉ dans les massacres,
c'est là une expression qui révèle le caractère d'une race.

Sans doute, le cœur du brave général
Uhrich dut saigner quand il prévit les
nouveaux malheurs que sa noble résistance allait attirer sur la partie la plus
inoffensive de la population; mais son devoir de soldat ne lui permettait pas d'hésiter. Par une proclamation simple et fer-

me, il annonça aux citoyens les périls
qu'ils allaient traverser.

« Habitants de Strasbourg !

» Le moment solennel est arrivé.

» La ville va être bombardée et soumise
à tous les dangers de la guerre.

» Nous faisons appel à votre patriotisme, à votre virile énergie, afin de défendre la capitale de l'Alsace, la sentinelle
avancée de la France.

» Les armes seront délivrées aux citoyens
par M. le maire, à l'effet de concourir
à la protection de nos remparts.

» Amis, courage! la patrie a les yeux sur
nous. »

A l'heure même où le commandant supérieur de la place de Strasbourg faisait appel à tout le patriotisme de la cité, le bruit
d'une victoire circulait dans la population.
On racontait que l'armée du prince Frédéric-Charles avait été écrasée, et que la

Prusse était obligée de recourir à ses dernières réserves.

L'enthousiasme surexcité par ces nouvelles, malheureusement fausses, se mêlait aux appréhensions causées par les paroles du général Uhrich. Les événements de la nuit du 23 août vinrent prouver qu'il fallait désormais ne songer qu'à la résistance inflexible.

Depuis neuf heures du soir jusqu'à onze heures du matin, une effroyable canonnade couvrit la ville de bombes et d'obus. La citadelle eut sa large part de projectiles ; et, en effet, ses défenseurs méritaient par leur intrépidité que l'ennemi leur fît l'honneur de les traiter en sérieux adversaires.

La nuit suivante fut plus épouvantable encore : les incendies se multiplièrent sur tous les points et ils causèrent des désastres irréparables.

Le musée de peinture fut incendié ; le Temple Neuf et la Bibliothèque éprouvèrent le même sort.

Dans l'embrasement du Musée disparaissaient des toiles de Corrége, de Guide, de Tintoret, de Philippe de Champagne, de Claude Lorrain, des tableaux dus aux peintres strasbourgeois Zix, Gimpel, des statues de leur compatriote, le sculpteur Grass.

Le Temple Neuf, brûlé par les obus de l'Allemagne, était l'une des plus magnifiques églises que le culte réformé possédât en France; peut-être les canons du religieux Guillaume eussent-ils dû respecter ce sanctuaire; mais le vieux despote d'outre-Rhin sait accommoder, quand il lui plaît, les vues de la Providence d'après ses vues particulières : c'est pourquoi le Temple Neuf n'a pas été épargné.

Sur les murs de cet antique édifice, il y avait une peinture murale que tous les archéologues connaissaient : elle représentait une *Danse macabre*, où dans un effrayant tourbillon la mort emportait ses victimes, depuis le plus humble paysan jusqu'au tout-puissant empereur d'Allemagne.

O Guillaume! empereur septuagénaire,
combien de jours te reste-il encore
avant que tu entres toi-même dans cette
terrible sarabande? Vieillard qui vas bientôt mourir, tu n'as fait à ta dernière heure
qu'une œuvre de vieillard : elle périra peut-
être avant toi !

L'incendie de la bibliothèque de Strasbourg par l'Allemagne est quelque chose
de plus infâme que l'incendie de la bibliothèque d'Alexandrie par les Arabes. En
pleine civilisation, le peuple qui se pré-
tend le plus savant du monde, vient de détruire une collection qui faisait la gloire
des lettres : le général de Werder a désormais sa place dans l'histoire à côté d'Omar.

Le lendemain de cette nuit horrible
une imposante manifestation prouva les
sentiments de la ville de Strasbourg :
sur la place de Broglie, devant l'Hôtel de
Ville, un nombre considérable de citoyens
se rassemblèrent en poussant des cris patriotiques : « Pas de capitulation! Des
armes! A l'ennemi. »

Une députation se rendit chez le maire
et de là chez le général Uhrich pour demander que la résistance fût inflexible.

A l'heure même où le courage des
citoyens se déclarait prêt à tous les sacrifices, l'évêque de Strasbourg, Mgr Roëss, se
présentait, lui aussi, chez le général commandant : ému des maux qui frappaient
tant d'innocents, ce respectable prêtre
venait demander un sauf conduit pour
aller trouver le chef des troupes allemandes : par une généreuse illusion de
son cœur, il croyait qu'en s'adressant, au
nom de l'humanité et de l'Evangile, à des
adversaires qui sans cesse parlaient de
Dieu, il serait possible d'obtenir d'eux
quelques égards pour une population
inoffensive et malheureuse.

L'évêque sortit de la ville, protégé par
le drapeau parlementaire ; aussitôt le feu
cessa des deux côtés; mais il fallut que la
voiture du prélat s'arrêtât pendant plus
d'une heure avant de pouvoir pénétrer
dans les lignes ennemies. Cependant, que

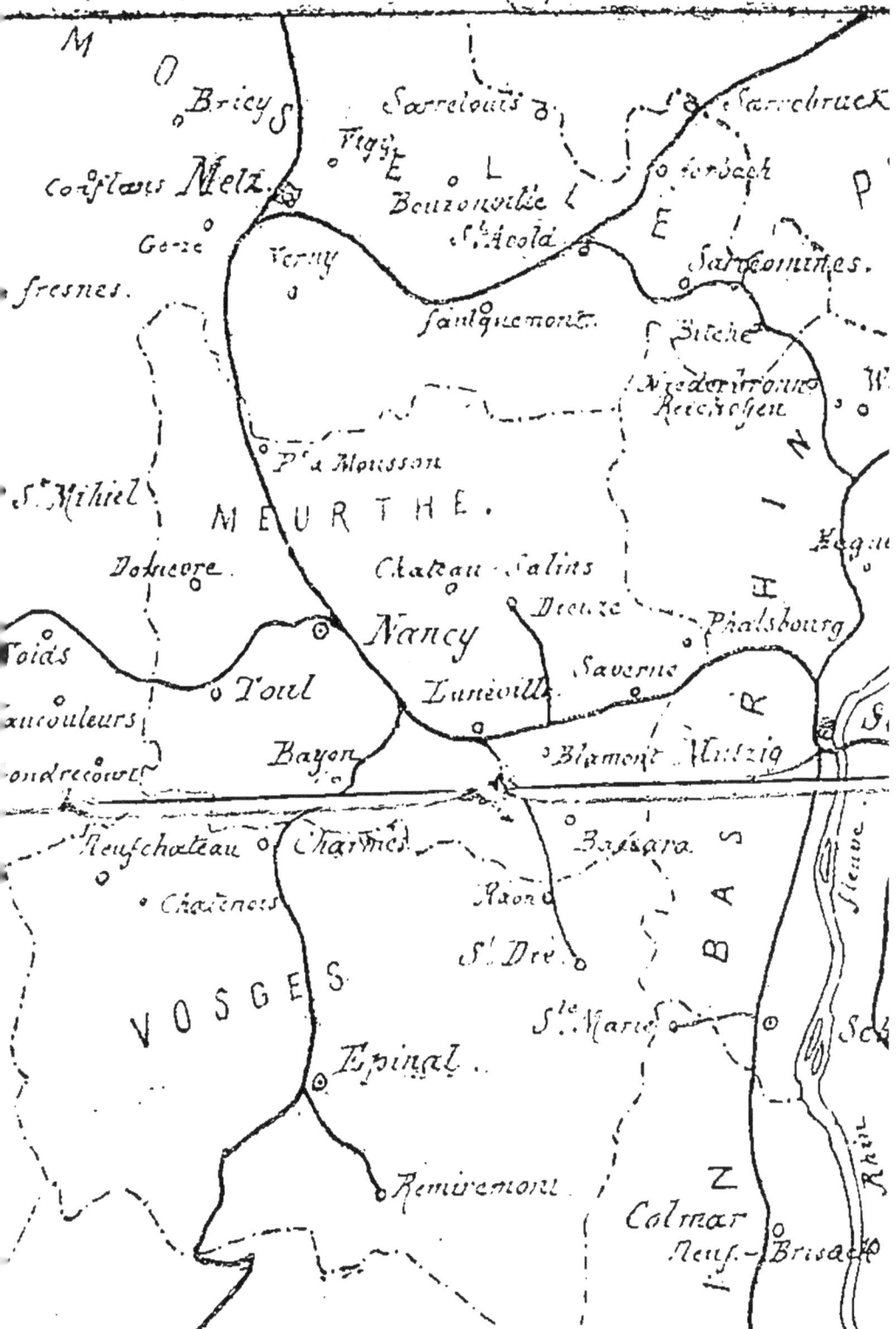

M
O
Bricy
S
Sarrelouis
Sarrebruck
P
Tig
E
L
Coiflaus Melz
forbach
Beuzonville
S.te Acold
E
Geze
Verny
Sarreomines.
fresnes.
fanlguemont
Sitche
Niederbronn
Reichshen
W
P.t a Mousson
M E U R T H E .
St Mihiel
Dotnevre
Château Salins
Megu
Nancy
Dieuze
Phalsbourg
Toids
Saverne
ancouleurs
Toul
Luneville
R
ondrecourt
Bayon
Blamont
Mulzig
S
Neufchateau
Charmes
Bassara
B
Chalenois
Raon
A
St Dre
S
Epinal
Ste Marie
Sch
V O S G E S
Z
Remiremont
Colmar
Neuf.-Brisack
Rhin

faisaient les Prussiens? Profitant de la suspension d'armes, ils travaillaient avec rage à creuser des chemins couverts, à élever des parapets, en un mot, à préparer une nouvelle batterie : la nuit suivante, cette batterie, construite grâce à la présence de l'évêque, tira pour la première fois et elle incendia la cathédrale!

Le général de Werder ne fit pas même à Mgr Roëss, l'honneur de le recevoir : l'évêque dut se contenter d'un court entretien avec le chef d'état-major colonel Leckzinski.

Le prêtre, au nom des malheureux, au nom de tout ce qu'il y a de sacré au monde, les enfants, les femmes, demanda que le feu de l'artillerie allemande se bornât seulement à battre les ouvrages militaires, les remparts et la citadelle : il lui fut répondu que les ordres étaient absolus, et qu'il n'y serait rien changé. Brisé de douleur, l'évêque rentra dans Strasbourg : à sept heures du soir, les obus recommen-

cèrent à pleuvoir sur la ville : à dix heures la cathédrale était en feu.

Laissons parler un témoin oculaire :

« A la clarté des flammes qui dévo-
raient les toitures, la silhouette de la py-
ramide se détachait rouge sur le ciel noc-
turne. Des reflets sanglants ondoyaient
sur les masses obscures des maisons. Du
haut de la plate-forme, le cri des gardiens
retentissait lamentable sur la cité terri-
fiée : « Au secours ! la cathédrale brûle. »
Ces hommes intrépides, au risque de devenir à leur tour le point de mire des
artilleurs ennemis, dirigèrent, du haut de
leurs observatoires, sur le vaste brasier, le
jet, trop faible hélas ! de leur pompe. Des
élèves de l'école de santé militaire les
secondèrent. Mais, que pouvaient ces
dévouements contre l'horrible fléau ?

» Soudain, le regard des gardiens est
attiré par une lueur nouvelle, qui s'élève
à l'autre bout de la ville. A travers
le porte-voix, qui sert à indiquer aux
pompiers l'endroit des incendies, ils jet-

tent à la population un appel nouveau et plus terrible encore : « Au secours ! Le feu est à l'hôpital civil ! »

» Sur le clocher de l'hôpital flottait la croix rouge de Genève. Les obus prussiens ne respectaient pas plus cet asile des malades qu'ils n'avaient respecté le tabernacle de la religion. En un clin d'œil la chapelle de l'hospice s'embrasa ; une heure après, ce n'était plus qu'une ruine fumante. (1) »

Le 27 août, vint le tour du Palais de justice dont les bâtiments furent complétement incendiés : les archives de l'État civil et du greffe disparurent dans le brasier.

Chaque jour accroissait dans Strasbourg le nombre des malheureux sans ressource et sans asile : les incendies, en se multipliant, livraient une population nombreuse à toutes les souffrances d'un campement en plein air.

(1) Schnéegans.

Il fallut aviser à loger et à nourrir tant de gens privés des plus indispensables ressources.

L'administration municipale décida que les familles sans asile seraient recueillies au Théâtre, dans les écoles communales, au Château impérial, à la Halle couverte, à l'ancienne et à la nouvelle Douane, à l'Hospice des orphelins. Elle établit des fours économiques afin de distribuer des soupes aux indigents.

Malgré ces secours, les souffrances des classes pauvres étaient grandes : des symptômes de désespoir et de révolte commençaient à se produire : beaucoup d'infortunés accusaient le général Uhrich d'être la cause, par sa résistance, des maux qu'ils enduraient : plus d'une fois, des cris menaçants, des insultes retentirent contre ce vaillant soldat ; et pourtant, que pouvait, que devait faire le commandant de Strasbourg, sinon tenir tant que la résistance de la place pouvait servir la défense nationale.

A côté des tristes épisodes provoqués par l'irritation de la misère, se produisaient des actes encore plus lamentables : dans les quartiers bombardés, des bandes de malfaiteurs profitaient du désordre causé par l'incendie pour pénétrer dans les habitations et y piller tout ce qui était à leur convenance. Il fallut recourir aux plus terribles menaces du code militaire, pour mettre un terme aux attentats de ces brigands.

Une sortie de la garnison signala le jour du 2 septembre : depuis quatre heures jusqu'à huit heures du matin, les troupes de la garnison, parmi lesquelles figurait au premier rang le 87ᵉ de ligne, furent engagées du côté du village de Cronembourg en dehors de la porte de Saverne. Cette reconnaissance, qui fut plus brillante que réellement profitable à la défense de la place, coûta des pertes sérieuses aux Français : deux officiers, treize sous-officiers et soldats tués ; vingt et un soldats disparus, soixante et onze blessés.

Par une singulière prévision de l'opinion populaire, ce même jour du 2 septembre, le bruit se répandit dans Strasbourg
que la république venait d'être proclamée
à Paris : les événements se trouvaient devi-
nés deux jours à l'avance. C'est le privilège
des révolutions légitimes d'être ainsi pres-
senties par le cœur de tous et regardées
comme réalisées, alors qu'elles ne sont encore qu'à l'état d'espérances.

Une nouvelle infamie des Allemands devait infliger un deuil de plus à cette cité
qu'ils affectaient de nommer autrefois leur
« *cité sœur* », et pour laquelle ils n'ont eu
que la fraternité de Caïn.

Qu'on ne nous accuse pas d'exagération :
M. de Werder et ses officiers d'état-major
connaissaient-ils la destination à laquelle
la municipalité de Strasbourg avait consa-
cré la salle du théâtre ? Savaient-ils que là,
des centaines de misérables trouvaient le
le seul asile qui pût les abriter après l'incendie de leurs demeures ?

Oui, M. de Werder et ses officiers n'igno-

raient pas à quel usage servait alors le
le théâtre de Strasbourg ; cet édifice que
le respect de l'art eût dû suffire à protéger,
ne fut pas même défendu par le respect de
l'humanité.

Le 10 septembre une grêle d'obus s'a-
battit sur la magnifibue salle de spectacle :
tout fut embrasé en peu d'instants ; les
nombreuses familles qui avaient trouvé là
un gîte pour se cacher et recueillir ce qui
restait de leurs vêtements et de leurs meu-
bles, durent fuir de nouveau à travers la
mitraille.

Des actes aussi monstrueux ont besoin
d'un contre-poids moral pour qu'on ne se
prenne pas à douter de la dignité humaine.
Dans ce même jour du 10 septembre, un
peuple, petit par son territoire, mais
grand par la noblesse de ses sentiments, vint consoler le monde du hideux
spectacle que lui donnait la Prusse : le
maire de Strasbourg reçut une lettre dont
il donna lecture à la commission municipale.

« Berne, le 7 Septembre 1870.

» Monsieur le maire,

» Il vient de se former en Suisse une Société qui s'est imposé pour mission de procurer à la ville de Strasbourg, si cruellement éprouvée, à laquelle se rattachent pour la Confédération tant de beaux souvenirs historiques, l'aide et le secours que permettent les circonstances ; la Société désire surtout préparer un asile, sur le territoire neutre de la Suisse, aux habitants auxquels la sortie de la ville sera permise, notamment aux femmes, enfants, en général aux personnes hors d'état de se défendre.

» Pour atteindre ce but aussitôt que possible, la Société a résolu de nommer une délégation spéciale composée de MM. le docteur Rohmer, président de la commune à Zurich ; le colonel de Büren, président de la commune à Berne, et le secrétaire d'État docteur Bischof, à Bâle, en la char-

geant de se mettre en relation tant avec
Son Exc. M. le général de Werder, qu'a-
vec les autorités compétentes de Strasbourg, et d'entamer les négociations nécessaires pour la réussite et l'accélération de
l'œuvre d'humanité dont il s'agit.

» Eu égard au caractère de cette mission,
le Conseil fédéral n'hésite pas, monsieur
le maire, à recommander cette députation
à votre bienveillant accueil, en vous priant
de la mettre autant que possible en rap-
port avec les personnes de votre ville, dont
la coopération serait de nature à assurer
la réalisation du projet en question.

» En même temps, le Conseil fédéral
suisse saisit cette occasion pour vous offrir,
monsieur le maire, l'assurance de sa considération distinguée. »

« Au nom du Conseil fédéral suisse,
Le président de la Confédération,
Signé : DUBS.
Le chancelier de la Confédération,
Signé : SCHIES.

La lecture de cette lettre souleva dans la commission municipale une explosion de larmes et de cris enthousiastes : en un instant toute la ville connut ce noble message, et toutes les mesures furent prises pour permettre aux envoyés helvétiques de pénétrer dans la ville sous la protection du drapeau parlementaire.

Le lendemain dimanche, 11 septembre, les trois délégués, représentant les villes de Zurich, Berne et Bâle, traversaient les lignes allemandes et arrivaient à la Porte Nationale où les attendait tout le peuple de Strasbourg, précédé de ses magistrats municipaux.

Ce n'est pas sans peine que les envoyés suisses obtinrent la faveur d'accomplir leur généreuse mission.

Ils demandaient à entrer dans la ville pour en faire sortir et pour recueillir dans leur pays tous les êtres faibles que la guerre frappait sans motif; mais une telle requête devait difficilement être comprise par un général prussien.

M. de Werder, manquant aux plus simples convenances, accueillit d'abord les
citoyens suisses par un refus accompagné
de paroles furieuses. Un mot le calma :
« Général, lui fit froidement observer un
des délégués, si vous rejetez notre demande
songez-vous à ce que pensera le monde
entier ? »

Les Prussiens se soucient fort peu de
l'humanité et de la conscience, choses trop
idéales pour leur raisonnement pratique ;
mais l'opinion du monde étant de quelque
poids sur la marche habituelle des affaires,
leur intérêt en tient compte. M. de Werder devint presque poli, et finalement il
céda.

Quand les délégués helvétiques appa-
rurent à la Porte Nationale, il se produisit une scène grandiose ; devant ces
trois hommes qui au milieu des horreurs de
la guerre venaient prendre la défense du
droit sacré des innocents et des malheureux toutes les têtes se découvrirent et
s'inclinèrent ; des milliers de voix firent

retentir jusqu'aux nues ce cri : « Vive la Suisse ! »

Immédiatement les délégués s'occupèrent avec la municipalité de désigner les catégories de personnes qui pourraient sortir des murs et il remplirent toutes les formalités nécessaires à ce départ ; dans les journées des 15, 17, 19 et 22 septembre, deux mille personnes environ purent profiter du bénéfice de l'émigration. Il est inutile d'ajouter que les habitants qui sortirent ainsi étaient incapables de contribuer à la résistance. On ne saurait donc les accuser de désertion. Mais parmi ceux que le sexe ou l'âge autorisait à faire partie des convois d'émigrants, il se rencontra bon nombre de courageuses natures qui se refusèrent à profiter de ce légitime privilége ; on vit des femmes, des vieillards s'obstiner à ne pas franchir les portes de la ville et jurer de mourir plutôt que de quitter ses défenseurs.

Les délégués suisses avaient apporté dans Strasbourg de grandes nouvelles, ils

avaient annoncé à la population assiégée
les cruels revers de l'armée de Metz et de
l'armée de Châlons, la marche des Prussiens vers Paris ; mais ils lui avaient ap-
pris aussi la Révolution du 4 septembre et
la proclamation de la République : c'était
l'annonce de la résurrection de la France ;
c'était tout au moins une force morale qui
venait raffermir le cœur de ceux qui combattaient pour la patrie.

L'avénement de la République devait
amener plus d'un changement parmi les
magistrats placés à la tête de la cité ; le
préfet de l'Empire, M. Pron, et le maire,
M. Humann s'étaient eux-mêmes démis de
leurs pouvoirs ; on attendait qu'un heureux
hasard fît connaître quel nouveau préfet
avait été choisi par le gouvernement de la
défense nationale ; quant au maire, il se
trouvait désigné par l'opinion publique
dans la personne du docteur Küss, profes-
seur à la Faculté de médecine.

Ce fut avec une douloureuse résignation
et comme en accomplissant un sacrifice

envers sa ville natale, que ce respectable citoyen accepta la lourde tâche qui lui était confiée. « Je suis prêt, dit-il à ceux de ses compatriotes qui venaient lui offrir le premier rang dans l'administration, je suis prêt, si vous pensez que je puisse rendre service à notre cité ; mais, je le sens, pour tenir tête à la situation, il faudrait un homme plus vigoureux que moi dont l'âge et la maladie menacent de paralyser les forces. Si vous m'imposez ce devoir, je le remplirai jusqu'au bout ; mais j'y succomberai. »

Hélas ! cette triste prévision devait se réaliser : M. Küss, devenu député à l'Assemblée de Bordeaux, mourut de fatigue et de chagrin quelques mois plus tard, le jour même où sa chère Alsace cessa d'être française.

Le 29 septembre, les sentinelles avancées arrêtèrent un homme qui venait de traverser à la nage les fossés de la place en essuyant le feu des Prussiens ; quand on l'interrogea, il répondit qu'il s'appelait « Valentin, préfet du Bas-Rhin. »

En effet, c'était le préfet de la République qui, au milieu de mille périls, venait de pénétrer dans la ville assiégée ; il portait cousus dans ses vêtements les titres authentiques qui l'accréditaient.

Le bombardement continuait toujours avec une fureur terrible ; chaque jour était marqué par de nouveaux deuils. Dans le Jardin botanique, les fosses s'alignaient de plus en plus nombreuses. Aux malheurs causés par le feu de l'ennemi s'ajoutaient beaucoup de souffrances produites par la rareté des vivres; vers le milieu de septembre, les gens riches pouvaient seuls se procurer de la viande.

En présence de tant de maux, le grand-duc de Bade, inspiré par un sentiment que nous voulons croire sincère, écrivit au général Uhrich pour le prier de cesser une résistance qui accroissait de plus en plus les misères de la population de Strasbourg, sans qu'elles fussent compensées par une chance de succès.

Le général Uhrich croyait pouvoir lut-

ter encore ; il fit au prince cette réponse
où l'émotion de l'homme sensible et bon
s'allie à la fermeté du soldat ;

« Monseigneur,

» Croyez qu'il me serait bien doux de
pouvoir suivre vos conseils, et de faire
cesser les souffrances de la population ré-
signée et fière de Strasbourg ; croyez qu'il
m'en coûte beaucoup de résister à tout ce
que vous me dites ; nul plus que moi,
monseigneur, n'est si douloureusement
impressionné par l'aspect des ruines qui
m'environnent. par le spectacle de ces
hommes inoffensifs, de ces femmes et de
ces pauvres petits enfants qui sont frappés par les boulets et la mitraille.

» Mais, à côté de ces sentiments qu'il
me faut comprimer, se dresse le devoir du
soldat et du citoyen. Je sais que ma malheureuse patrie est dans une situation critique que je ne veux pas chercher à nier ; je
sais qu'elle n'a pas encore un gouverne-

ment définitif, mais permettez moi de le dire à Votre Altesse Royale, plus la France est malheureuse, plus elle a droit aux preuves d'amour et de dévouement de ses enfants. Et daigne Votre Altesse Royale croire à tout le regret que j'éprouve de me voir forcé de résister à mon penchant personnel et aux avis si remplis d'humanité qu'elle m'a fait l'honneur de me donner. Qu'elle daigne croire que je n'ai pas la prétention de faire parler de moi, mais que je suis simplement un soldat qui obéit aux lois militaires de son pays. »

Malgré la réponse du général Uhrich, malgré l'attitude résolue de la commission municipale, des bruits de capitulation commencèrent à circuler dans la ville : on se disait que le dénouement du terrible drame était inévitable et prochain.

L'état de la malheureuse cité ne justifiait que trop ces appréhensions : un mémoire de M. Monny, membre de la commission municipale, constatait que, le 21 septembre, 404 maisons étaient détruites et 6,200 habitants sans asile : sept jours plus tard, le chiffre des maisons ruinées s'élevait à 600 et 10,000 citoyens étaient sans gite.

Les remparts, constamment battus par le feu de l'ennemi se trouvaient sur plusieurs points tellement endommagés que l'assaut était imminent.

Dans ces lamentables circonstances que devait faire le général Uhrich ? Il se trouvait placé dans l'alternative de capituler ou de livrer la ville à tous les malheurs d'une prise de vive force.

La commission municipale le priait de concilier, autant que possible, les exigences de la dignité militaire avec les égards dus à une population incapable de se défendre.

Tout le monde pressentait un grave événement : aussi, lorsque le 27 septembra à 5 heures du soir, on vit apparaitre un drapeau blanc sur la cathédrale, la population comprit que le grand sacrifice était consommé : Strasbourg était vaincue : elle se rendait.

Bien que cette crise suprême eût été prévue, ce fut un moment de stupeur dans la ville quand on eut conscience de ce qui allait s'accomplir : c'en était donc fait ! Tant d'efforts, tant de sacrifices si longtemps prolongés n'aboutissaient qu'à l'entrée victorieuse de l'étranger !

En présence d'un tel désastre, une sorte de délire passa parmi les habitants ; des hommes égarés par la colère firent entendre le cri de trahison ! Il y eut des menaces de mort proférées contre le maire, le préfet et le général Uhrich.

Bientôt, cependant, l'ordre se rétablit : la ville de Strasbourg comprit qu'après s'être montrée inébranlable dans le combat, elle devait demeurer ferme dans le malheur.

Dès le matin du 28 septembre, le général Uhrich fit connaître par une lettre adressée au maire les conditions conclues avec les Prussiens ; et aussitôt ce magistrat fit répandre la proclamation suivante :

« Chers concitoyens,

» Après une résistance héroïque et qui dans les fastes militaires ne compte que de rares exemples, le digne général qui a commandé la place de Strasbourg, vient, d'accord avec son conseil de défense, de conclure avec le commandant de l'armée assiégeante, une convention pour la reddition de la place.

» Cédant aux dures nécessités de la guerre, le général a dû prendre cette détermination en présence de l'existence de deux brèches, de l'imminence d'un assaut qui nous eût été fatal, des pertes irréparables, subies par la garnison et par ses vaillants chefs. La place n'était plus tenable ; il est entré en pourparlers pour capituler.

» Sa détermination, écartant une loi martiale qui livre une ville prise d'assaut aux plus rudes traitements, vaut à la ville de Strasbourg de ne pas payer de contribution de guerre et d'être traitée avec douceur.

» A onze heures, la garnison sortira avec les honneurs militaires, et aujourd'hui l'armée allemande occupera la ville.

» Vous qui avez supporté avec patience et résignation les horreurs du bombardement, évitez toute démonstration hostile à l'égard du corps d'armée qui va entrer dans vos murs.

» Rappelez-vous que le moindre acte agressif empirerait notre situation et attirerait sur la population entière de terribles représailles..... L'heure de la résistance est passée. Résignons-nous à subir ce qui n'a pu être évité.

» Chers concitoyens, vous qui, durant ce long siége, avez déployé une patience, une énergie que l'histoire admirera, restez dignes de vous-mêmes à cette heure douloureuse. Vous tenez dans vos mains le sort de Strasbourg et le vôtre. Ne l'oubliez pas ! »

Ce jour là même, le 28 septembre, les

Allemands entrèrent dans Strasbourg, et la garnison française sortit de la place. Laissons parler l'un des membres de la municipalité de Strasbourg :

« Dès huit heures du matin, raconte M. Schnéegans, les portes s'étaient ouvertes, conformément à la convention, à des détachements allemands. La citadelle, qui n'était qu'un amas de décombres, les remparts de l'Hôpital, d'Austerlitz, et du faubourg national avaient été occupés en force. De loin, les habitants de Strasbourg purent contempler, le désespoir et l'indignation au cœur, les uniformes détestés des vainqueurs.

» Une fureur aveugle s'empara de la population ; les gardes nationaux, convoqués pour déposer leurs armes, brisèrent leurs fusils et tordirent leurs baïonnettes sur le pavé des rues ou les jetèrent dans la rivière ; les tambours furent crevés ; les drapeaux cachés.

» Nous pleurions des larmes de rage et de douleur. Notre sort était donc décidé !

Nous qui n'avions pas voulu de cette guerre, nous en devenions les premières victimes ! Nous qui adorions notre France, et qui avions versé pour elle le plus pur de notre sang, nous allions devenir des Allemands ! Nous qui avions combattu toute notre vie pour conquérir la République, nous la perdions aussitôt conquise, et le drapeau de la liberté était remplacé sur nos monuments par les funèbres couleurs de la féodalité prussienne ! »

A l'heure où Strasbourg succombait, le peuple de Paris, assiégé lui aussi, allait en pèlerinages patriotiques saluer sur la place de la Concorde et couronner de fleurs la statue de la capitale alsacienne. Des citoyens, par centaines de milliers, signaient sur un livre d'honneur l'expression de leurs sentiments fraternels pour cette ville qui avait prouvé en répandant son sang, qu'il est bien de source française.

Le gouvernement de la défense nationale voulut consacrer d'une façon solennelle le sentiment de tous ; il décréta :

« Que la statue de la ville de Strasbourg,
érigée actuellement sur la place de la Concorde, serait coulée en bronze et maintenue
sur le même emplacement avec inscription
commémorative des hauts faits de la résistance des départements de l'Est. »

Le jour viendra où cette noble statue
sera de nouveau pavoisée et parée de fleurs;
alors, devant son piédestal, les citoyens de
Paris ne se presseront pas seuls : il seront
accompagnés des envoyés de l'Alsace et
de la Lorraine, délivrés, triomphants et
rentrant au sein de la famille nationale.

CHAPITRE III.

Metz.

Le 14 août, à l'est de Metz, dans l'espace qui s'étend depuis le fort Saint-Julien jusqu'au fort Queuleu, l'armée française livra la sanglante bataille de Borny : ses pertes furent immenses ; celles des Prussiens furent plus considérables encore. Le corps du général Ladmirault se signala entre tous par le mal qu'il fit à l'ennemi.

Quoique nos troupes eussent vaillamment tenu tête à leurs adversaires et causé les plus grands ravages dans leurs rangs, cependant ce fut aux Allemands que pro-

fita cette rude journée. Grâce à leur supériorité numérique, ils réussirent à faire
passer en arrière du champ de bataille une
partie de leur armée par la vallée de
Gorze et à atteindre les plateaux de Ré-
zonville et de Gravelotte : ils se placèrent
ainsi à cheval sur la route de Verdun.

Dès que Napoléon III eut connaissance
de cette manœuvre, il comprit combien sa
situation devenait critique : il se voyait
prêt d'être saisi par l'investissement et
forcé de rester dans Metz assiégée ; à
tout prix, il voulait s'échapper et rega-
gner l'armée de Mac-Mahon : c'est alors
que Bazaine fut chargé de lui ouvrir un
chemin, et que fut livrée la bataille de Gravelotte.

Les troupes, encore tout animées par la
lutte de Borny, sortirent de Metz avec un
admirable élan : elles avaient la conviction
qu'elles allaient faire une trouée sur Verdun, donner la main à Mac-Mahon et ainsi
joindre en un même faisceau toutes les forces de la France : rien de plus simple, de

plns intelligent et de plus courageux qu'un
tel plan. Napoléon III, l'épée à la main,
essayant de passer à la tête de ses soldats,
partageant leur fortune au péril de sa vie,
eût joué un noble rôle et permis sans
doute de tirer parti d'une victoire qui de-
meura stérile; mais cet empereur n'élevait
pas ses préoccupations jusqu'à la hauteur
du patriotisme : à Gravelotte il fit verser
le sang français, dans un intérêt purement
égoïste, pour assurer sa propre retraite
et sans souci de ce que deviendrait l'armée
quand il l'aurait désertée.

Un aumônier militaire, le père Marchal,
a donné de curieux détails sur cette fuite
de l'homme qui devait finir à Sedan (1).

« Les nombreux bagages de Sa Majesté,
dit le père Marchal, encombraient la route
à un tel point que la garde ne put arriver
à Gravelotte (15 kilomètres) qu'à onze
heures du soir. Rien ne manquait au mé-
nage de cet austère général en chef, et l'on

(1) *Le Drame de Metz.* — Brochure.

voyait sur une de ces voitures, cette magnifique inscription : « *Homards frais !* »

« On dirait l'armée de Darius, m'écriai-je en m'adressant à un officier de mes amis. — Rien n'y manque, me répondit-il, pas même Darius, et de tous nos bagages, c'est sans contredit, le plus embarrassant.»

Un autre écrivain, M. Hippolyte Chanloup, rédacteur du *National*, confirme. d'après son témoignage personnel, le déplorable rôle joué par Napoléon III durant cette héroïque journée : « Le but principal de la bataille de Gravelotte était (cela est triste à dire), de laisser passer l'empereur qui fuyait du côté de Verdun. escorté par un bataillon de grenadiers de la garde et deux régiments de chasseurs d'Afrique.

» Je vis passer ce cortége, et je ne pus m'empêcher d'éprouver un sentiment de dégoût en apercevant cet homme, qui avait déclaré la guerre uniquement pour satisfaire son ambition, déserter le champ de bataille, alors que tant de braves se faisaient égorger pour consolider sa dynastie. (1) ».

Depuis neuf heures du matin jusqu'à neuf heures du soir la bataille se livra avec une effroyable furie. La brigade du général du Preuil, composée de carabiniers et de cuirassiers, alla arracher aux mains de l'ennemi, plusieurs batteries du corps de Frossard, en renouvelant les héroïques charges de Reischoffen : l'infanterie ne fut pas moins intrépide : les Allemands, fort disposés, comme on sait, à atténuer leurs pertes, avouèrent dans leurs bulletins que cette journée leur avait coûté quinze mille hommes.

Pendant qu'on s'égorgeait dans cet immense carnage, Napoléon III, d'abord retiré dans une ferme avec son fils, était parvenu à se dérober à travers les bois, et il s'acheminait vers Sedan, où il allait achever de perdre la France.

De l'avis de la plupart des officiers qui

(1) *Le Blocus de Metz*, brochure.

ont combattu dans la journée du 16 août, cette bataille était pour nos armes une victoire éclatante : les soldats en couchant sur le terrain du combat, s'attendaient le lendemain à poursuivre leur marche en avant. Les Allemands conviennent qu'alors même que l'armée de Bazaine eût été dans l'impossibilité de continuer sa route sur Verdun, il lui était du moins possible de faire une tentative vers le nord, du côté de Briey,

Pourquoi le maréchal s'arrêta-t-il au milieu d'une entreprise bien commencée et dont l'issue pouvait le couvrir de gloire ? Pourquoi ne se hâta-t-il pas de continuer le lendemain cette lutte heureuse ? Crut-il sa mission suffisamment remplie parce qu'il avait donné à Napoléon III le temps de s'enfuir ? Ce sont là des questions que l'histoire se posera toujours, et que, sans doute, elle ne parviendra jamais à résoudre.

Bazaine ne resta cependant pas inactif dans la journée du 17 : il reporta, comme l'avaient prévu les Allemands, ses troupes vers la route de Briey; mais, soit fatalité, soit négligence, son mouvement n'eut pas la célérité qui distingua au contraire les manœuvres de l'armée prussienne. Par une marche prodigieuse de vitesse, les deux armées de Frédéric-Charles et de Steinmetz purent se rejoindre et jeter une barrière de deux cent soixante mille hommes devant le front de nos troupes. On vit alors le vieux roi Guillaume, lui-même, donner l'exemple et rester trente heures sans prendre un instant de repos : il n'avait pas comme Napoléon III encombré le passage de ses troupes par le convoi de ses bagages personnels : il sut se conduire en soldat, et ainsi il donna la victoire à ses soldats.

La bataille s'engagea, le 18 août, depuis Gravelotte, à l'extrême gauche de notre armée, jusqu'à Saint-Privat à son extrême droite, sur l'ensemble des positions qu'on appelle les *lignes d'Amanvilliers.*

Jamais pareil carnage ne se produisit

dans toute la guerre : nos soldats combattaient deux contre un En vain ils se ruèrent sur l'ennemi : le nombre toujours croissant des Prussiens menaçait notre aile droite d'un mouvement tournant : il fallut se replier sur Metz.

L'investissement de cette magnifique place était dès lors un fait accompli : elle était séparée du reste de la France et dans ses murs se trouvait en quelque sorte prisonnière une armée qui, libre dans la campagne, eût peut-être sauvé notre pays.

C'est une lamentable histoire que celle de ce blocus, depuis le jour où il commença par la retraite de Saint-Privat, jusqu'au jour où il se termina par la reddition de Metz *la Pucelle*, que jamais l'étranger n'avait souillée et qui dut fléchir devant lui, avant même qu'une seule brèche eût déchiré la ceinture de ses remparts.

Après les batailles de Borny, de Gravelotte et de Saint-Privat, Metz, outre sa population habituelle et la garnison nécessaire au service des forts, renfermait dans ses murs cinquante mille refugiés de la campagne d'alentour et dix-huit mille blessés. L'armée de Bazaine, en se repliant sur la place, lui imposa encore la nécessité de nourrir cent cinquante mille hommes : à moins qu'on ne reprît immédiatement l'offensive, la question des subsistances se présentait de la façon la plus menaçante.

Le général Coffinières, commandant de place, déclarait, le 28 août, dans une note rendue publique, que « Metz avait deux mois de vivres pour 200,000 hommes. » Il est permis de s'étonner qu'on n'ait pas songé à tirer tout le parti possible de ces ressources alimentaires ; que, dès le premier jour, on n'ait pas établi parmi les habitants et parmi les troupes un rationnement rigoureux. L'usage que les soldats faisaient des vivres de cantine ne fut même pas surveillé : beaucoup d'entre eux gaspillaient les aliments qui leur étaient donnés par l'État et préféraient se procurer à leurs frais une nourriture plus raffinée.

Par suite de tant d'incurie, la ville res-
sentit beaucoup plus tôt qu'elle ne l'eût dû
les épreuves de la disette, qui devint la
principale cause de la capitulation.

A la suite d'un conseil de guerre tenu
le 26, il fut décidé qu'une sortie serait
essayée, dans la direction de Thionville, sur
les positions de Sainte-Barbe, Servigny
et Noisseville : la bataille eut lieu le
31 août : elle se prolongea jusque dans la
journée du 1er septembre : elle dura trente-
six heures. L'élan de nos soldats fut admirable : il s'en fallut de bien peu que
l'armée allemande ne fût coupée.

Dans cette rude affaire, le maréchal
Lebœuf commandait un corps d'armée.
Rendons à ce chef coupable la justice qui
lui est due : on le vit chercher la mort
avec une insistance manifeste ; mais les
obus l'épargnèrent et le rendirent à ses
remords.

Le maréchal Bazaine, lui, ne parut pas
sur le champ de bataille : dès lors il
sembla se désintéresser personnellement

des périls et des épreuves d'une ville que Napoléon III avait désertée.

Peut-être déjà l'homme du Mexique avait-il pressenti la nouvelle qui devait avant peu pénétrer dans Metz, comme elle avait pénétré dans Strasbourg. Ce fut le 9 septembre qu'un chirurgien militaire, échappé des lignes prussiennes, vint annoncer la capitulation de Sedan et le triomphe de la République.

Bazaine fit connaître aux troupes ces graves événements dans une proclamation qui commençait ainsi :

« A l'armée du Rhin.

» D'après deux journaux français du 7 et du 10 septembre, apportés au grand quartier général par un prisonnier français, qui a pu franchir les lignes ennemies, S. M. l'Empereur Napoléon aurait été interné en Allemagne après la bataille de Sedan; et l'Impératrice, ainsi que le Prince impérial, ayant quitté Paris le 4 septembre, un pouvoir exécutif, sous le titre de gouvernement de la défense nationale, s'est constitué à Paris. »

Ce langage froid et dédaigneux était presque une insulte à l'élan patriotique de la population de Metz, qui acclamait le le gouvernement nouveau avec enthousiasme et espérance.

Dans cette ville qui, lors du plébiscite du 8 mai 1870, avait répudié hautement l'Empire, Bazaine osa garder les aigles de Bonaparte sur les drapeaux de la République ! Dès lors il était facile de comprendre que le maréchal entendait servir la dynastie napoléonienne et non la cause de la France.

Le combat de Peltre, livré le 27 septembre, n'avait d'autre but que de ravitailler la place ; mais on n'obtint pas de cette sortie le résultat espéré ; car les Prussiens avaient eu soin de détruire les vivres dans toutes les positions qu'ils se virent momentanément contraints de nous céder.

Le 7 octobre, dix mille hommes environ, suivis d'un nombreux équipage, étaient lancés dans la direction de Thionville sur Ladonchamps. Quel était le but réel de cette expédition? Songeait-on follement à percer avec cette faible troupe la masse des lignes allemandes? Nul ne pourrait deviner la pensée du maréchal Bazaine : il est certain seulement que là, pas plus qu'à Servigny et à Peltre, il ne daigna se montrer au milieu de ses soldats, qui se firent héroïquement et vainement massacrer.

Il devenait de plus en plus visible qu'à moins d'un secours venu du dehors, Metz ne parviendrait pas à se débloquer ; et cependant on ressentait de plus en plus les rigueurs de la famine.

« A la date du 11 octobre, le temps était depuis quinze jours constamment pluvieux ; les soldats demeuraient littéralement dans l'eau ou dans la boue, et ne possédaient plus que de mauvais vêtements impossibles à remplacer, ils étaient aussi mal abrités sous des petites tentes à moitié pourries par l'humidité.

» Les officiers et la troupe ne touchaient

plus ni café, ni sel, ni riz, ni eau-de-vie ; 50 grammes de pain de son seulement et de la viande de cheval, tellement maigre qu'il était très-difficile d'en faire de la soupe.

» Plusieurs d'entre nous avaient, à l'aide de soins constants, conservé les chevaux qui leur appartenaient : ces malheureux animaux ne vivaient que d'écorce d'arbres et de racines; on leur donna même de la viande de cheval, quelques-uns en mangèrent; il n'existait plus ni grains ni fourrages (1). »

La population civile souffrait beaucoup aussi, mais elle ne pouvait se faire à l'idée de capituler : les gardes nationaux suppliaient le général Coffinières de faire parvenir au maréchal leurs vœux de résistance inflexible, et ils adressaient à l'armée ce ferme manifeste :

(1) *Metz en 1870*, par le commandant Max Thomas.

« A nos frères de l'armée,

» Les citoyens et gardes nationaux de la ville de Metz viennent vous offrir leur concours pour défendre l'indépendance de la Patrie menacée. Ils sont convaincus que vous accueillerez avec bonheur cette démarche et que vous résisterez avec nous à toute idée de capitulation.

» L'honneur de la France et du drapeau que vous avez toujours défendu avec une invincible vaillance, la gloire de notre cité, vierge de toute souillure, nos obligations envers la postérité, nous imposent l'impérieux devoir de mourir plutôt que de renoncer à l'intégrité de notre territoire.

« Nous verserons avec vous la dernière goutte de notre sang, nous partagerons avec vous notre dernier morceau de pain! »

Cependant, au milieu de tant d'héroïques soldats et de tant de citoyens inébranlables, que faisait Bazaine? Retiré au fond de sa résidence du ban Saint-Martin, il semblait moins le défenseur que le mau-

vais génie de la cité. On sentait que ce
personnage invisible devait tramer quelque
complot mystérieux. Le général Bourbaki
était parti, d'après ses ordres, pour aller
remplir une mission étrange et inexpliquée;
bientôt, le général Boyer s'éloignait à son
tour et prenait la route de Versailles ; il
revenait à Metz et repartait de nouveau.
Évidemment Bazaine méditait un important
projet.

En effet, le maréchal avait ses vues, et
la population républicaine de Metz les devi-
nait : on entrevoyait une manœuvre bonapartiste, on parlait de tous côtés d'une
conspiration ourdie contre le gouvernement de la défense nationale et d'une
secrète entente entre l'ex-empereur Napoléon et le roi Guillaume,

Nous ne prétendons pas, dans ce court
récit, approfondir un si grave problème ;
mais nous déclarons sans hésiter qu'une
telle hypothèse n'a rien d'invraisemblable:
la dynastie qui venait de précipiter la
France dans l'abîme, était toute disposée

à accepter la suzeraineté de la Prusse : entre Berlin et Wilhoemsoë, on était certainement d'accord sur le fond du marché; il ne s'agissait que d'en traiter les clauses avec plus ou moins de savoir-faire. De là, les intrigues dont le contre-coup se faisait sentir presque dans Metz assiégée.

Mais, sans doute, à la dernière heure, le gouvernement prussien se fit moins que jamais illusion sur les chances de la soi-disant régente Eugénie et de son fils, ou, peut-être entrevit-il le moyen, en ne déclarant pas immédiatement ses préférences, d'entretenir plus longtemps le trouble dans notre pays ;— en fin de compte, M. de Bismarck ne voulut entrer en pourparlers avec Bazaine que pour une capitulation.

Le maréchal comprit-il à ce moment suprême la leçon terrible que lui donnaient les événements ? comprit-il que si la place était à bout de ressources, elle n'était réduite à cette extrémité que par ses hésitations, à lui, par son inertie volontaire et par ses menées politiques ?.. Non, Bazaine

n'a pas ouvert les portes de Metz ; non,
(du moins nous ne voulons pas le croire),
il n'a pas été payé à beaux deniers comp-
tant pour livrer son armée ; et cependant,
jamais cet homme ne pourra paraître le
front haut devant l'histoire.

C'est qu'on peut trahir de plus d'une
manière : le chef militaire qui, à l'heure
où le pays est envahi, flotte ainsi entre le
gouvernement qui défend le territoire et le
gouvernement qui l'a livré ; le chef qui
songe à autre chose qu'à l'honneur du drapeau, et qui fait couler le sang dans un
simulacre de luttes où il s'épargne lui-
même, pour calculer une chance d'égoïste
ambition ; ce chef peut être absous devant
les textes légaux d'un conseil de guerre,
— il ne peut être absous devant la patrie !

Le général Changarnier, demeuré dans
Metz, depuis le départ de l'Empereur, sans
commandement militaire, consentit à servir d'intermédiaire entre le maréchal Bazaine et le prince Frédéric-Charles, pour

tenter d'adoucir le sort cruel qui allait peser sur notre armée.

Le vieux général fut reçu par le prince Frédéric-Charles avec les égards qu'il méritait ; mais il n'obtint rien de plus que des paroles courtoises pour lui et pour l'armée : le prince exigeait, au nom du Roi Guillaume, la reddition pure et simple de la place.

« Cette cruelle nécessité, dit le commandant Thomas, vers laquelle l'armée fut forcément entraînée, était le résultat funeste des lenteurs et de l'indécision du commencement, et on l'eût évitée ou au moins retardée, si, au lieu de laisser l'armée s'user sur les glacis de la place, on l'avait établie dans un vaste camp retranché qui lui aurait donné des vivres, un bon campement et une base sérieuse pour tenter une sortie efficace (1). »

Mais il n'était plus temps de songer à s'échapper du gouffre : l'armée de Metz était

(1) *Metz en* 1870.

perdue, et Bazaine devait lui faire boire jusqu'à la lie le calice de l'humiliation.

Le 28 octobre au matin, on arrêta la rédaction d'un protocole d'après lequel :

« L'armée française placée sous les ordres du maréchal Bazaine était prisonnière de guerre ;

» La forteresse et la ville de Metz avec tous les forts, le matériel de guerre, les approvisionnements de toute espèce, étaient rendus à l'armée prussienne ;

» Les armes, ainsi que tout le matériel de l'armée consistant en DRAPEAUX, AIGLES, canons, mitrailleuses, caisses de guerre, équipages de l'armée, munitions, devaient être remis immédiatement à des commissaires prussiens... »

Nous ne transcrirons pas en entier cet acte honteux ; mais nous citerons encore quelques lignes écrites par le commandant Thomas : l'opinion d'un officier supérieur, témoin et acteur d'un tel drame, vaut mieux que tout autre commentaire : « Ce protocole contenait des conditions blessantes que ne méritait pas l'armée de Metz. La remise de nos étendards doit être reprochée amèrement au maréchal Bazaine. Il semble que l'on ait, comme une compensation, accordé le droit aux officiers de conserver leurs armes ; mais on aurait dû comprendre que l'armée tout entière tenait à ses drapeaux qu'elle avait défendus si courageusement, et que les livrer à l'ennemi, c'était l'humilier profondément (1).»

Le général Coffinières se chargea d'apprendre lui-même au conseil municipal de Metz que la ville allait ouvrir ses portes.

La reponse des magistrats municipaux ne se fit pas attendre : ils publièrent immédiatement une proclamation digne et sévère qui sera pour le maréchal Bazaine un diplôme de honte éternelle : « Aucun de nous ne peut se reprocher d'avoir manqué à son devoir. Nous devons nous consoler avec l'idée que nos souffrances ne seront que passagères, et que, dans les

_____

(1) *Metz en 1870.*

faits qui viennent de s'accomplir, les habitants n'ont assumé aucune part de responsabilité soit devant leur pays, soit devant l'histoire. »

Les conseillers municipaux étaient restés calmes dans l'expression de leur douleur; mais la population ne put contenir sa colère : elle couronna de fleurs la statue du maréchal Fabert et elle se répandit dans les rues en criant : « A bas Bazaine ! A bas le traître ! »

Quelques officiers eurent la triste énergie de menacer ce peuple généreux qui avait bien le droit de se plaindre, après n'avoir pas eu le droit de mourir les armes à la main ; mais aucun soldat ne consentit à faire feu. Un dernier massacre de citoyens eût été cependant la digne fin de l'Empire !

Les Prussiens entrèrent dans la ville, le 31 octobre.

Le même jour, la garnison de Metz quitta les remparts que son intrépidité n'avait pu défendre : prisonnière, elle prit le chemin de l'Allemagné . beaucoup de ces braves soldats que la mitraille avait épargnés sont morts au delà du Rhin, par suite des souffrances que la barbarie de nos vainqueurs leur a infligées.

Bazaine quitta Metz, lui aussi : il se rendit à Wilhoemshoë auprès de son empereur; — ces deux hommes pouvaient se donner la main.

CHAPITRE IV.

Belfort.

Les hommes d'État et les juristes de l'Allemagne s'ingénient à chercher de subtiles arguments pour démontrer que l'Alsace et la Lorraine sont des membres détachés de la famille germanique et que leur retour à l'empire d'outre-Rhin est pour elles une délivrance.

Nous n'avons nulle envie de nous perdre en des discussions d'archéologues ; pour prouver que l'Alsace et la Lorraine sont et ne peuvent être que françaises, il nous suffit de rappeler aux Allemands comment ils ont été reçus devant les murs de nos moindres places fortes.

Toul se défend pendant trois semaines, et quand elle se rend, le 23 septembre, ce n'est qu'après avoir subi huit jours de bombardement ; Verdun résiste du 23 septembre au 15 octobre ; Thionville, du 13 novembre au 25 du même mois ; Bitche force les Allemands à lever le siége de ses remparts ; Phalsbourg, après une lutte de dix-sept semaines, ne cède, le 12 décembre, que lorsqu'il ne lui reste plus de vivres. Un cri d'admiration s'éleva parmi l'armée germanique quand elle pénétra dans les décombres de cette ville intrépide : le roi Guillaume, en apprenant tant d'héroïques efforts, se sentit ému, et il permit aux officiers français de quitter la place avec leur épée.

Le 14 décembre, Montmédy ouvre ses portes ; mais elle avait arrêté l'ennemi pendant deux mois, et dans une brillante sortie, le 21 octobre, elle lui avait enlevé l'étape de Stenay. Schelestad, criblée d'obus par six batteries composée de trente-deux pièces, essaie de tenir pendant

quatre jours : la résistance est manifeste-
ment impossible, et pourtant, lorsque le
gouverneur, le 25 octobre, parle de capituler, une émeute éclate parmi la garnison
et parmi les habitants : il s'en faut de
bien peu qu'on ne fasse sauter la pou-
drière

Neuf-Brisach se défend depuis le 9 octobre jusqu'au 10 novembre : c'est seulement lorsque le fort Mortier, qui la protége,
a succombé, après avoir eu six canons dé-
montés, sur sept dont il était armé, c'est
seulement lorsque l'artillerie prussienne
peut anéantir la ville désormais sans défense, qu'elle hisse le drapeau parlementaire au-dessus de ses maisons déjà en
partie criblées et incendiées.

Belfort a sa place à part dans l'histoire
de la résistance de l'Alsace : cette vaillante
ville a bien mérité de la patrie, et par elle
nous gardons encore une porte ouverte sur
la malheureuse province qui nous est en-
ev ée. C'est sur les bastions de Belfort que

le dernier coup de canon de cette guerre
néfaste a retenti, comme une protestation
indignée contre l'infortune présente et
comme un signal de revendication future.

Dès les premiers jours de l'invasion
prussienne, la ville de Belfort s'attendit à
être assiégée et elle se prépara à soutenir
bravement cette rude aventure. Plusieurs
fois, durant le mois de septembre et d'octobre, le bruit se répandit que l'ennemi mar-
chait vers la place ; mais, non sans surprise,
on ne vit apparaître aucun corps d'armée.

Alors on pensa que la saison trop rigou-
reuse empêchait le trajet des pièces d'artillerie; on s'imagina que les armées allemandes ne pouvaient détourner aucun de leurs
régiments aux prises avec nos soldats sur
d'autres points du territoire.

Cependant, la capitulation de Strasbourg renforçait l'armée prussienne d'environ quatre-vingt mille hommes ; bientôt suivait la capitulation de Metz :
désormais l'invasion pouvait à sa guise
déborder partout où elle le voudrait :

Belfort se sentit, cette fois, sérieusement menacée.

Le 2 novembre, deux engagements eurent lieu en avant de ses murs à Sermamagny et à Rappe, entre les mobiles et les avant-gardes prussiennes.

La garnison de la place se composait d'environ 17,000 hommes, dont 15.000 mobiles : le colonel du génie Denfert-Rochereau, officier de mérite et républicain éprouvé, exerçait les fonctions de gouverneur.

Belfort opposait aux Allemands des obstacles sérieux : d'abord sa citadelle, appelée le *Château* ; puis un cercle de forts isolés : au nord, *La Justice* et *la Miotte* ; au sud, les *Hautes* et *les Basses Perches* ; à l'ouest, les *Barres* et *Bellevue*. Les approvisionnements et les munitions étaient en quantité suffisante pour une résistance longuement prolongée.

Quand il arriva devant les murs de la place, le général en chef prussien, M. de Treskow, fit parvenir au colonel Denfert, une sommation déguisée sous les termes les plus courtois.

« Devant Belfort, le 4 novembre 1870.

» Très-honoré et honorable commandant, je me fais un honneur de porter très-respectueusement à votre connaissance la déclaration suivante :

» Je n'ai pas l'intention de vous prier de me rendre la place de Belfort, mais je vous laisse le soin de juger s'il ne conviendrait pas d'éviter à la ville toutes les horreurs d'un siége, et si votre conscience, votre devoir ne vous permettraient pas de me livrer la forteresse dont vous avez le commandement.

» Je n'ai, en vous envoyant cet écrit très-respectueux, d'autre intention que de préserver autant que possible la population du pays des horreurs de la guerre. C'est pourquoi je me permets de vous prier de vouloir bien, dans la limite de vos pouvoirs, faire connaître aux habitants que

celui qui s'approchera de ma ligne d'investissement, à portée de mes canons, mettra
sa vie en danger.

» Les propriétaires des maisons situées
entre la place et ma ligne d'investissement doivent se hâter de mettre tout leur
mobilier en lieu sûr, car d'un instant à
l'autre je puis être obligé de réduire leurs
maisons en cendres.

» Je saisis cette occasion pour vous
assurer de mon estime toute particulière.

» DE TRESKOW,

« Général royal prussien, commandant les
troupes concentrées devant Belfort. »

Le gouverneur de Belfort répondit :

« GÉNÉRAL,

» J'ai lu avec toute l'attention qu'elle
mérite la lettre que vous m'avez fait l'honneur de m'écrire avant de commencer les
hostilités. En pesant dans ma conscience

les raisons que vous me développez, je ne
puis m'empêcher de trouver que la retraite
de l'armée prussienne est le seul moyen
que conseillent à la fois l'honneur et l'humanité pour éviter à la population de Belfort les horreurs d'un siége.

» Nous savons tous quelle sanction vous
donnerez à vos menaces, et nous nous at-
tendons, général, à toutes les violences
que vous jugerez nécessaires pour arriver
à votre but ; mais nous connaissons aussi
l'étendue de nos devoirs envers la France
et envers la République, et nous sommes
décidés à les remplir.

» Veuillez agréer, général, l'assurance
de ma considération très-distinguée.

> *« Le colonel commandant supérieur,*
> « DENFERT-ROCHEREAU. »

Ces devoirs patriotiques, dont le colonel
Denfert parlait si fièrement, les habitants
de Belfort allaient les accomplir sans dé-
faillance, au milieu de périls quotidiens,
pendant près de quatre mois.

Le 15 novembre, la garnison faisait sur Bessoncourt une sortie sanglante et infructueuse ; nouvelle sortie le 25, pour aller établir des batteries sur le coteau du Mont : même résultat malheureux.

A cette affaire du Mont, les Prussiens usèrent des ruses qui leur sont familières : dans leurs rangs, des clairons firent entendre des sonneries françaises destinées à embrouiller les manœuvres de nos troupes ; quelques-unes de leurs compagnies, revêtues de capotes semblables aux nôtres et de pantalons rouges, s'approchèrent de nos soldats et les fusillèrent à courte portée.

Ces manœuvres déloyales se renouvelèrent plusieurs fois pendant la durée du siége.

A sept heures du matin, le 3 décembre, les premiers obus prussiens arrivèrent sur la ville : ces projectiles étaient du plus gros calibre.

Depuis longtemps déjà la population se tenait prête à subir cette crise redoutable :

elle s'était préparée des asiles au fond des caves : tout ceux qui n'étaient pas nécessaires à la défense se hâtèrent de descendre dans ces sombres abris. Bientôt la violence du feu devint telle que le conseil de guerre lui-même dut aller tenir ses séances dans un souterrain.

Quelles que fussent les précautions prises, les obus faisaient cependant de fréquentes victimes parmi la population civile ; les malheureux habitants, réduits à n'oser se montrer, souffraient mille angoisses morales ; les maladies causées par le défaut d'air et d'exercice, par l'humidité des caves, prirent vite le caractère d'une épidémie : la mortalité croissait sans cesse.

Ce fut au milieu de ces tristes circonstances qu'un parlementaire vint remettre au colonel Denfert une lettre du président de la Confédération helvétique : ce message annonçait que les Suisses allaient faire une démarche auprès du général prussien commandant devant Belfort, pour obtenir la sortie des femmes, des enfants et des vieillards, ainsi qu'ils l'avaient obtenue à Strasbourg.

M. de Treskow se refusa à laisser accomplir cet acte d'humanité que le général de Werder lui-même avait toléré.

Le général de Treskow, dans toutes ses lettres adressées au colonel Denfert, affectait les formes les plus polies et les intentions les plus douces : en vertu de quel raisonnement germanique a-t-il cru pouvoir concilier ses allures d'homme du meilleur monde avec un procédé digne d'un chef de barbares ?

Le récit d'un des officiers attachés à l'état-major de Belfort donne la mesure exacte de la désolation qui régnait à l'intérieur de la place :

« A la fin de 1870, le nombre des morts atteignait, tant dans la population que dans la garnison, le chiffre moyen de 18 par jour.

» L'accès du cimetière était devenu très-dangereux. Dès le commencement du bombardement, on avait décidé que les inhumations se feraient au pré Gaspard. Ce pré se trouve au pied du fort de la Justice. C'est là qu'un petit chariot amenait chaque soir les victimes de la journée. Les corps des riches et des officiers seuls étaient renfermés dans des cercueils. On enterrait les autres sans qu'ils fussent même enveloppés de linceuls, trop heureux s'ils n'étaient pas tout à fait nus! C'était un spectacle affreux à voir. Pas de cérémonie, pas de convoi; la plupart du temps, pas de parents, pas d'amis pour accompagner les morts à leur dernière demeure. La voiture des morts, recouverte d'une toile cirée et conduite par un seul homme, traversait rapidement le camp retranché peur aller verser son funèbre chargement dans un trou que des corvées militaires élargissaient chaque jour. On plantait une petit croix sur la tombe et tout était fini (1). »

(1) *Le Siége de Belfort*, par Léon Belin, lieute-

Un événement déplorable se passa dans la nuit du 7 au 8 janvier : les Prussiens réussirent cette nuit-là à s'emparer du village de Danjoutin, l'un des plus importants avant-postes de Belfort. La cause de cette surprise n'a jamais été complétement éclaircie : le seul fait certain, c'est que Belfort perdit là sept cent soixante et dix hommes parmi lesquels deux chefs de bataillon.

Au lendemain de ce triste événement, la consternation régnait encore dans la ville, quand tout à coup, le 9 janvier, à travers le tumulte du bombardement on entendit au loin le bruit du canon. Sans doute, un combat se livrait entre l'armée de Treskow et l'armée de Bourbaki. Peu à peu ce grondement sourd qui remplissait d'espoir le cœur des défenseurs de Belfort, s'éteignit tout à fait, et le bombardement continua avec plus de furie que jamais : on vit

nant de la garde mobile, attaché à l'état-major de la place.

pleuvoir dans la place des obus de cinquante-cinq centimètres de hauteur, de vingt-deux centimètres de diamètre et du poids de dix-huit kilos !

Le 15 janvier, le bruit lointain du canon se fit entendre de nouveau : d'heure en heure, il croissait en intensité ; bientôt ce fut un formidable ouragan qui révélait la lutte acharnée d'une armée française. Trois jours durant, cette tempête d'artillerie ne cessa qu'avec la nuit : elle se rapprochait ou s'éloignait par degrés ; à chaque minute on s'attendait à voir le drapeau tricolore apparaître sur l'une des hauteurs environnantes. Le quatrième jour, le tonnerre du canon ne se fit plus entendre que par intervalles ; enfin, il cessa complétement.

Qu'était devenue l'armée de Bourbaki ? Les défenseurs de Belfort s'efforcèrent de se faire illusion : ils tâchèrent d'expliquer ce silence subit par un mouvement tournant de l'armée de l'Est : au fond, ils entrevoyaient déjà la néfaste vérité.

Le 21 janvier à Pérone, le 26 aux Basses-Perches, les assiégés tentèrent de nouvelles sorties et ils firent subir aux Prussiens des pertes que M. de Treskow déclare n'avoir pas été « insensibles ».

Les tentatives hardies faites au dehors n'empêchaient pas la place de souffrir de plus en plus du bombardement : chaque jour huit ou dix mille obus tombaient dans ses murs.

Tout à coup on apprit une nouvelle qui produisit au sein de la ville un effet plus terrible que la mitraille ennemie. Un Polonais fait prisonnier dans la journée du 5 février avait raconté aux soldats que, depuis plusieurs jours, un armistice était signé entre la France et la Prusse, mais que cette suspension d'armes ne comprenait pas Belfort et la région environnante.

Des journaux authentiques confirmèrent ces renseignements au colonel Denfert et à la population. Le gouverneur de Belfort, douloureusement impressionné, demanda au général de Treskow l'autorisation d'envoyer à Bâle un de ses officiers, M. Châtel, capitaine d'état-major, pour obtenir des informations définitives. Un laissez-passer fut accordé par le général prussien.

Le départ de l'envoyé français avait ralenti, mais non suspendu le feu des Allemands, et déjà M. de Treskow menaçait de rendre aux hostilités toute leur vigueur, quand il reçut une dépêche ainsi conçue :

« De Versailles.

« *Au général de Treskow, commandant les troupes devant Belfort.*

» Le commandant de Belfort est autorisé, vu les circonstances, à la reddition de la place. La garnison sortira avec les honneurs de la guerre, et emportera les archives de place ; elle ralliera le poste français le plus voisin.

» *Pour le ministre des affaires étrangères.*

» ERNEST PICARD.

« (Bismark.) »

Le colonel Denfert ne crut pas devoir se rendre immédiatement à l'ordre que lui apportait cette dépêche : son envoyé à Bâle, le capitaine Châtel n'était pas encore revenu ; il demanda à M. de Treskow et obtint, non sans peine, un laissez-passer pour un second officier, le capitaine du génie Krafft.

Le 16 Février MM. Châtel et Krafft rentraient ensemble, et confirmaient au gouverneur l'authenticité des nouvelles qu'il avait reçues. Alors l'intrépide commandant de Belfort se résigna et, le même jour, à quatre heures de l'après-midi, la convention qui ouvrait les portes de la place fut définitivement rédigée et signée.

Le colonel Denfert ne voulut pas accepter pour ses troupes les honneurs militaires qui leur étaient offerts par le général prussien : il souhaita au contraire qu'elles se retirassent le plus simplement possible pas divers chemins. Après avoir pris les mesures nécessaires à l'évacuation, il quitta lui-même la ville en lui adressan

de patriotiques adieux. Belfort avait ré-
sisté la dernière parmi les places fortes
de la France ; pendant cent quatre jours,
du 4 novembre 1870 au 16 février 1871,
elle avait tenu ferme contre les Prussiens ;
quatre cent dix mille projectiles étaient
tombés dans son enceinte ; — et, après
tant d'héroïsme, à l'heure où l'Assemblée
nationale discutait à Bordeaux sur les
destinées de la France, Belfort n'était pas
certaine encore de demeurer française !

CHAPITRE V.

Le traité de Bordeaux.

L'Assemblée nationale, réunie à Bordeaux, a décidé du sort de l'Alsace et de la Lorraine.

Elle a voté les préliminaires de ce funeste traité de paix, imposé par la force des événements, mais répudié par le cœur de toute la France.

Jamais plus lamentable drame ne s'est accompli dans notre histoire ; jamais la Patrie n'a reçu une plus profonde blessure que dans la journée du 1er mars 1871.

Le sacrifice était nécessaire : nous n'avions plus d'armées, plus de soldats en état de tenir la campagne. La France a signé le pacte de deuil sous les baïonnettes implacables. Eh bien! nous ne craignons pas de le dire dès maintenant, ce traité infâme, extorqué par la violence, nous le renions, nous le répudions : nous l'effacerons un jour en le lavant dans notre sang !

Tant que l'Allemagne n'aura pas pleuré comme nous pleurons aujourd'hui; tant que l'incendie n'aura pas dévoré les blés de ses campagnes et les maisons de ses villes; tant que ses jeunes hommes ne seront pas tombés fauchés par nos balles dans les sillons de leur sol natal, nous ne serons pas satisfaits... Dans dix ans ou dans cent ans nous aurons notre vengeance; nous la voulons.

Non, plutôt; — ne parlons pas de ces conflits atroces où deux peuples civilisés descendent au niveau des hordes sauvages : l'Allemagne n'est pas coupable envers nous : ses maîtres seuls sont responsables du forfait auquel ils l'ont poussée; ils lui ont enseigné à haïr la France parce que jadis, au nom de Bonaparte, la France a été contrainte de marcher contre elle ; — que la lumière se fasse ! Que la République, comme autrefois la Réforme, se lève sur l'Allemagne, et alors peut-être la question des frontières sera pacifiquement accomplie...

La séance du 1er mars 1871, à l'Assemblée de Bordeaux, a eu le caractère d'assises solennelles où d'avance le droit a pris sa revanche contre la force.

Transcrivons simplement l'opinion de quelques-uns des députés qui protestèrent contre l'usurpation de nos provinces : leur vote est déjà devenu le verdict de l'histoire.

ASSEMBLÉE NATIONALE.

Séance du 1er mars 1871.

« M. EDGARD QUINET. — . . . . . .

. . . .

» Vous l'avez entendu dernièrement de la

bouche de leurs représentants, — l'Alsace, la Lorraine crient : « Je suis France ! Je veux rester France ! Il n'appartient qu'à la force de soutenir le contraire. (*Applaudissements sur plusieurs bancs.*) . . . . .

. . . .

» L'Alsace et la Lorraine ne sont pas seulement deux provinces, elles sont les deux boulevards de la France, elles en sont les deux remparts ; ôtez-les à la France et elle est ouverte à l'ennemi. Que la Prusse possède ces remparts, et la Prusse peut s'étendre à son gré dans la France centrale : elle peut déborder, sans trouver d'obstacles, jusqu'à la Marne ; l'ennemi est maître chez nous ; il est à perpétuité sur le chemin de Paris : il tient la France à la gorge !

» Est-ce là, je vous le demande, une paix ? Non, c'est la guerre à perpétuité sous le masque de la paix. Si c'est là ce que demande la Prusse, il est donc bien vrai qu'elle veut non pas seulement notre déchéance, mais notre anéantissement.

» Or, c'est là ce que je ne signerai jamais !

Si le présent est funeste, sauvons au moins le lendemain : et nous ne le pouvons qu'en repoussant les préliminaires de paix qui détruisent à la fois le présent et l'avenir. (*Approbation sur plusieurs bancs.*) . . . .

. . . .

« M. Victor Hugo. Je ne voterai point cette paix, parce que, avant tout, il faut sauver l'honneur de son pays ; je ne la voterai point, parce qu'une paix honteuse est une paix terrible. Et pourtant, peut-être aurait-elle un mérite à mes yeux : c'est qu'une telle paix, ce n'est plus la guerre, soit, mais c'est la haine ! (*Mouvement.*) La haine contre qui? Contre les peuples? Non ! Contre les rois. Que les rois recueillent ce qu'ils ont semé. Faites, princes ; mutilez, coupez, tranchez, volez, annexez, démembrez, vous créez une haine profonde ; vous indignez la conscience universelle. La vengeance couve ; l'explosion sera en raison de l'oppression. Tout ce que la France perdra, la Révolution le gagnera. (*Approbation sur plusieurs bancs à gauche.*)

»Oh ! une heure sonnera,—nous la sen-

tous venir, cette revanche prodigieuse. —
Nous entendons dès à présent notre triom-
phant avenir marcher à grands pas dans
l'histoire. Oui, dès demain cela va commencer; dès demain, la France n'aura plus
qu'une pensée : se recueillir, se reposer dans
la rêverie redoutable du désespoir, reprendre
des forces, élever ses enfants, nourrir de sainte
colère ces petits qui deviendront grands;
forger des canons et former des citoyens,
créer une armée qui soit un peuple; appeler
la science au secours de la guerre; étudier
le procédé prussien comme Rome a étudié le
procédé punique : se fortifier, s'affermir, se
régénérer, redevenir la grande France, la
France de 92, la France de l'idée, la France
de l'épée. (*Très-bien ! Très-bien !*)

» Puis, tout à coup, un jour, elle se dres-
sera ! Oh ! elle sera formidable : on la verra
d'un bond, ressaisir la Lorraine, ressaisir
l'Alsace !

»Est-ce tout? Non ! non ! saisir, —écoutez-
moi. — saisir Trèves, Mayence, Cologne,
Coblentz, toute la rive gauche du Rhin.....

» Et on entendra la France crier : C'est mon tour! Allemagne, me voilà! Suis-je ton ennemie? Non. Je suis ta sœur. (*Très-bien : Très-bien!*) Je t'ai tout repris et je te rends tout, à une condition : c'est que nous ne ferons plus qu'un seul peuple, qu'une seule République. (*Mouvements divers.*) Je vais démolir mes forteresses, tu vas démolir les tiennes. Ma vengeance, c'est la fraternité... (*A gauche : Bravo! bravo!*)

» Plus de frontières! Le Rhin à tous! Soyons la même République, soyons les États-Unis d'Europe, soyons la fédération continentale ; soyons la liberté européenne!

» Et maintenant, serrons-nous la main, car nous nous sommes rendu service l'une à l'autre : tu m'as délivrée de mon empereur, et je te délivre du tien! (*Bravo! bravo! Applaudissements.*) . . . .

. . . .

» M. Louis Blanc. — Non! nous ne saurions ni abandonner, ni mettre en litige la question de savoir si nous avons le droit de faire étrangers, de faire sujets de l'étranger des Français qui veulent être Français, des hommes qui sont, pour ainsi dire, la chair de notre chair et les os de nos os.

» Rester séparer d'eux, si nous sommes impuissants à renverser l'inhumaine barrière qui nous sépare, nous pourrions nous y résigner peut-être, tant que cette impuissance durerait ; mais signer de notre propre main, légaliser, revêtir de notre estampille la dénaturalisation, au mépris de leurs sentiments, sans tenir compte de leurs affections, en dépit de l'amour qu'ils nous portent, d'hommes qui sont une partie de nous-mêmes !

» Mais, disposer d'eux comme des esclaves, eux qui sont nos frères ? Mais, les céder comme un bétail à nous appartenant, eux qui n'ont dans leurs veines une goutte de sang qu'ils ne nous aient offerte et qu'ils ne se soient montrés ardents à verser pour nous ! Jamais ! jamais ! jamais ! (*Applaudissements sur plusieurs bancs de la gauche.*)

» Je reconnais que cette réponse : *non possumus*, (car ici nous avons à prononcer,

suivant moi, le *non possumus* français,) je reconnais que de celte réponse peuvent sortir
des souffrances et des périls; croyez-vous
les éviter par la consécration d'un démem-
brement que la Prusse n'exige que pour
vous affaiblir outre mesure, que pour vous
avoir à sa merci, pour vous réduire, soit à
la condition d'un peuple asservi aux trois
quarts, soit à l'impossibilité d'ici longtemps
de sortir de cette position dégradante, au-
trement que par le renouvellement d'efforts
ruineux, d'efforts sanglants, d'efforts déses-
pérés?. . . . .

. . . .

» M. KELLER. — Messieurs, à l'heure où
nous sommes, vous n'attendez pas de moi
un discours; je ne suis pas capable de le
faire. Celui qui devait parler à ma place, —
car vous n'avez encore entendu aucun député
de l'Alsace, — le maire de Strasbourg, le
doyen de notre députation, M. Kuss, à l'heure
où je vous parle, se meurt de douleur et
de chagrin; son agonie est le plus éloquent
des discours. (*Mouvements.*)

» Eh bien ! dans cette situation spéciale
qui nous est faite, j'entends dire de tous côtés :
« Vous, députés de l'Alsace, vous pouvez
voter contre le traité ; mais nous, nous
le voterons. »

» C'est vrai, nous avons quelque chose de
spécial ; notre honneur, à nous, nous reste
tout entier ; pour rester Français, nous
avons fait tous les sacrifices, et nous
sommes prêts à les faire encore ; nous voulons être Français et nous resterons Français, et il n'y a pas de puissance au monde,
il n'y a pas de signature, ni de l'Assemblée,
ni de la Prusse, qui puisse nous empêcher
de rester Français. (*Très-bien ! Applaudissements.*)

» Eh bien ! Messieurs, comme Français,
je viens réclamer ici, non plus contre le
sort de l'Alsace, mais je viens réclamer ici
ma part de l'honneur français, et quant à
moi, ce traité est une atteinte à l'honneur
français (*Très-bien !*), et ce n'est pas seulement comme Alsacien, c'est comme Français
que j'en souffre pour mon pays. Quand on

nous a annoncé ce traité, on nous a dit que
la paix était nécessaire, mais qu'elle ne serait acceptée que si elle était honorable.
Est-elle honorable, messieurs?

(*Voix à gauche :* Non !)

« M. THIERS, *chef du pouvoir exécutif.* —
Elle est malheureuse.

» M. KELLER. — Est-il honorable de céder
des populations qui veulent rester françaises, et qui quand même resteront françaises? Ah ! je comprends, messieurs, qu'on
livre des pierres, des forteresses, des vais-
seaux ; mais que diriez-vous si sur ces vais-
seaux, qui ne sont que du bois et du fer,
vous livriez des équipages, et si vous forciez
nos matelots à devenir des matelots prussiens et à faire la guerre à la France ? Eh
bien ! C'est là ce que fait votre traité ; vous
livrez à l'empire d'Allemagne des populations entières dont les enfants seront obligés de servir les desseins ambitieux, despo-
tiques de l'empire d'Allemagne, obligés au
moins par le texte du traité, car, je vous le
dis d'avance, il y en a beaucoup qui, au pé-

ril de leur vie, échapperont à la servitude
que vous leur aurez édictée.

» Eh bien! à mes yeux, c'est là la plus
criante, la plus cruelle des injustices, et se
faire, dans n'importe quelle mesure, le com-
plice d'une injustice, la ratifier, pour moi
c'est un déshonneur! Sur une question
d'honneur, la discussion n'est pas possible à
quelque parti qu'on appartienne, au parti
républicain, au parti monarchique, on ne
peut comprendre l'honneur de deux ma-
nières. (*Bravos à gauche.*)

» Des orateurs ont tâché de sortir de cet
embarras en venant protester à l'avance
contre le traité qu'ils signeraient et qu'ils
voteraient.

» Ce traité qu'on me propose de ratifier est
une injustice, et, en même temps, c'est un
mensonge. On vous dit qu'on cède à perpétuité l'Alsace. Je vous déclare que l'Alsace
restera française. Au fond du cœur, vous-
mêmes le pensez.

» *A gauche.* Oui! Oui!

» M. KELLER. — Oui, vous pensez que

l'Alsace est française. Vous voulez la recon-
quérir le plus tôt possible, vous voulez qu'elle
redevienne française, et je défie qui que ce
soit de dire le contraire. (*Bravos à l'extrême
gauche.*)

» M. THIERS, *chef du pouvoir exécutif.* —
Indiquez-nous une rédaction.

» M. KELLER.— Ah ! je le sais, on me par-
lera de la menace de la guerre et des dangers qui pourraient surgir. D'abord, en fait
de déshonneur et d'injustice, à mes yeux
aucuns prétextes ne sont suffisants pour
les excuser; mais j'avoue que, quant à
moi, je suis convaincu que, si la France avait
été plus fermement résolue à l'avance à ne
pas sacrifier son territoire, si la Prusse, qui
désire aussi la paix, avait été certaine de
trouver sur ce point des barrières infran-
chissables, elle nous aurait fait d'autres
conditions. (*Approbation sur plusieurs bancs
à gauche.*)

» Je n'ai pas, à l'heure qu'il est, la prétention de changer les dispositions trop arrê-
tées dans un grand nombre d'esprits. Seu-

lement, j'ai tenu avant de quitter cette enceinte, à protester comme Alsacien et comme Français, contre un traité qui, à mes yeux, est une injustice, un mensonge et un déshonneur; si l'Assemblée devait le ratifier, d'avance j'en appelle à Dieu, vengeur des justes causes; j'en appelle à la postérité qui nous jugera les uns et les autres; j'en appelle à tous les peuples qui ne peuvent pas indéfiniment se laisser vendre comme un vil bétail; j'en appelle enfin même à l'épée de tous les gens de cœur, qui, le plus tôt possible, déchireront ce détestable traité. (*Applaudissements sur plusieurs bancs à gauche*). . . . .

. . . .

» M. Jules Grosjean. — Messieurs, je suis chargé par tous mes collègues des départements de la Moselle, du Bas-Rhin et du Haut-Rhin, présents à Bordeaux, de déposer sur le bureau, après en avoir donné lecture. la déclaration suivante :

» **Les représentants de l'Alsace et de la Lorraine ont déposé, avant toute négocia-**

tion de paix, sur le bureau de l'Assemblée
nationale, une déclaration affirmant de la
manière la plus formelle, au nom de ces
provinces, leur volonté et leur droit de
rester françaises.

» Livrés, au mépris de toute justice et
par un odieux abus de la force, à la domi-
nation de l'étranger, nous avons un dernier
devoir à remplir. Nous déclarons, encore une
fois, nul et non avenu un pacte qui dispose
de nous sans notre consentement. (*Très bien !
Très bien !*)

» La revendication de nos droits reste à
jamais ouverte à tous et à chacun dans la
forme et dans la mesure que notre conscience nous dictera.

» Au moment de quitter cette enceinte
où notre dignité ne **nous** permet plus
de siéger, et malgré l'amertume de notre
douleur, la pensée **suprême** que nous
trouvons au fond de **nos cœurs**, est une
pensée de reconnaissance pour ceux qui
pendant six mois, n'ont pas cessé de nous
défendre, et d'inaltérable attachement à

la patrie dont nous sommes violemment arrachés.

» Nous vous suivrons de nos vœux, et nous attendrons avec une confiance entière dans l'avenir, que la France régénérée reprenne le cours de sa grande destinée.

» Vos frères d'Alsace et de Lorraine, séparés en ce moment de la famille commune, conserveront à la France absente de leurs foyers une affection filiale, jusqu'au jour où elle viendra y reprendre sa place. (*Nouveaux applaudissements.*)

» Bordeaux, le 1er mars 1871.

Signé : « L. Chauffour, E. Teutsch, Fr. André, Ostermann, Schnéegans, E. Keller, Kablé, Melsheim, Boell, Titot-Albrecht, Alfred Koechlin, V. Rhem, A. Sheurer-Kestner, Alph. Sagilo, Humbert, Kuss, Renecker, Deschange, Boersch, A. Tachard, Th. Noblot, Dornès, Ed. Bamberger, Bardon, Léon Gambetta. Frédéric Hatmann, Jules Grosjean. »

Ces éloquentes protestations étaient impuissantes contre l'absolue fatalité : la France ne pouvait éviter le vote de Bordeaux ; mais elle n'avait pas plus le droit de retrancher de son sein l'Alsace et la Lorraine que la Prusse n'avait celui de les en arracher : il est donc nul, cet odieux traité, nul comme tout pacte vicié dans son origine ; il n'est que la constatation de la force brutale, et, par là-même, il revendique la justice future.

Maintenant que le sacrifice est consommé, nous en mesurons toute l'étendue ; et, le regard fixé sur la carte de France nous ne pouvons nous habituer à contempler la blessure de la patrie.

Aujourd'hui, le Rhin ne baigne plus une terre française ; les Vosges, notre magnifique et glorieux rempart, sont tournées contre nous, et, comme par la brèche ouverte, les envahisseurs peuvent pointer leurs canons jusque sur le cœur de Paris.

Nous avions une ceinture de places fortes : Metz, Thionville, Bitche, Marsal,

Phalsbourg, Strasbourg, Schlestadt : le drapeau de la Prusse flotte sur leurs murs.

C'est à grand'peine que nous avons réussi à sauver Belfort.

Nos trois beaux départements du Haut-Rhin, du Bas-Rhin et de la Moselle sont devenus des provinces allemandes : on nous a enlevé d'un seul coup onze arrondissements, quatre-vingts cantons, dix-sept cent quarante communes, — UN MIL-LION ET SEPT CENT MILLE de nos compatriotes !

De Férette à Valmunster, on nous a pris, du sud au nord, deux cents kilomètres de territoire en longueur ; et deux cent trente kilomètres en largeur, de Lorry à Lauterbourg.

Ce sol d'Alsace et de Lorraine, devenu un sol prussien, est celui sur lequel sont nés Fabert, Drouot, Custines, Haxo, Kléber, Westermann, Ney, Duroc, Gérard, Oudinot, Excelmans, Rapp, Molitor, Rigny, Bruat, Gouvion-Saint-Cyr et bien d'autres encore : ne craignons pas que la

France soit jamais reniée par cette race où
le sang possède une telle séve guerrière !

Sans cesse nous arrivent d'Alsace et de
Lorraine avec le récit de quelques nouveaux
attentats des Allemands, les témoignages
de dévoûment et de fidélité que nos frères
séparés gardent à la commune patrie.

Quand sont revenus les funèbres anni-
versaires de Wissembourg, de Reischoffen.
de Borny, de Gravelotte, de Saint-Privat,
on a vu des populations entières, se répandre dans la campagne pour porter des
couronnes sur les tertres de gazon qui
recouvrent les restes de nos soldats.

Devant ces tombes où dorment ceux qui
sont morts pour la France, les Alsaciens et
les Lorrains ont juré que la France seule
serait leur pays.

Les Allemands peuvent arborer les couleurs de la Confédération du Nord au faîte
des édifices de Strasbourg et de Metz : les
femmes d'Alsace et de Lorraine répondent
à cet arrogant défi en mêlant à leur parure
la cocarde tricolore; là où les épouses et

les mères donnent l'exemple du devoir civique, les jours d'épreuve se changent tôt ou tard en jours de victoire.

FIN

TABLE.

FIN DE LA TABLE.

GRAND SUCCÈS.

—

HISTOIRE

DE LA

RÉVOLUTION DE 1870-71

———

Chute de l'Empire.—La Guerre.

Le Gouvernement du 4 septembre.

La Commune.

Le Gouvernement de M. Thiers.

Par Jules CLARETIE.

*Illustré de Portraits, Vues, Plans,
Cartes, etc.*

———

Cet ouvrage se composera de 100 livraisons
à 10 centimes.

Il paraît 2 livraisons par semaine.

148

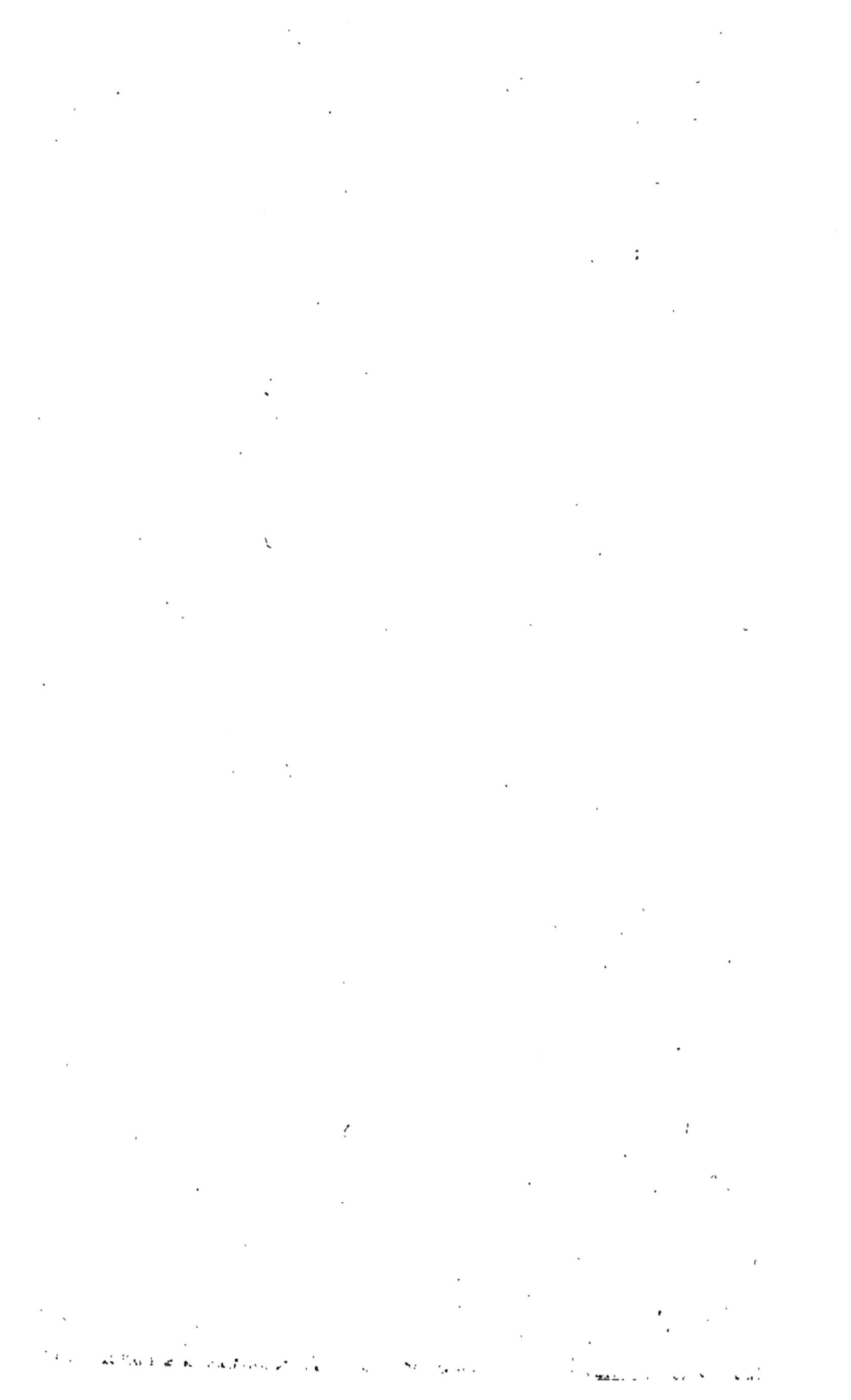

www.ingramcontent.com/pod-product-compliance
Lightning Source LLC
Chambersburg PA
CBHW060206100426
42744CB00007B/1181